Irish Revision for Leaving Certificate
Ordinary Level

Mícheál Ó Brádaigh
Additional material: Éamonn Maguire

Gill & Macmillan

Gill & Macmillan Ltd
Ascaill Hume
An Pháirc Thiar
Baile Átha Cliath 12
agus cuideachtaí comhlachta ar fud an domhain
www.gillmacmillan.ie

© Mícheál Ó Brádaigh 2001 agus Éamonn Maguire 2005
0 7171 3852 6
Clóchuradóireacht bunaidh arna déanamh in Éirinn ag Peanntrónaic Teoranta agus Carole Lynch

Rinneadh an páipéar atá sa leabhar seo as laíon adhmaid ó fhoraoisí rialaithe. In aghaidh gach crann a leagtar cuirtear crann amháin eile ar a laghad, agus ar an gcaoi sin déantar athnuachan ar acmhainní nádúrtha.

Gach ceart ar cosaint. Ní ceadmhach aon chuid den fhoilseachán seo a atáirgeadh, a chóipeáil ná a tharchur i gcruth ar bith ná ar dhóigh ar bith gan cead scríofa a fháil ó na foilsitheoirí ach amháin de réir coinníollacha ceadúnas ar bith a cheadaíonn cóipeáil theoranta arna eisiúint ag Gníomhaireacht Cheadúnaithe Cóipchirt na hÉireann.

ADMHÁLACHA
Ba mhaith leis na foilsitheoirí a mbuíochas a ghabháil leis na heagraíochtaí agus leis na daoine seo a leanas as cead a thabhairt dóibh ábhar atá faoi chóipcheart a atáirgeadh:
　Áine Ní Ghlinn maidir le 'Gealt';
　Cló Iar-Chonnachta maidir le 'Níl Aon Ní' le Cathal Ó Searcaigh;
　Sáirséal Ó Marcaigh maidir le 'Mo Ghille Mear' le Seán Clárach Mac Domhnaill, 'Jack' le Máire Mhac an tSaoi agus 'Faoiseamh a Gheobhadsa' le Máirtín Ó Direáin.
　Beidh na foilsitheoirí sásta na socruithe cuí a dhéanamh le haon sealbhóir cóipchirt nach raibh fáil air a dhéanann teagmháil leo tar éis foilsiú an leabhair.

NA PICTIÚIR
Is mian leis an údar agus leis an bhfoilsitheoir buíochas a ghabháil leo seo a leanas as ucht cead a thabhairt dúinn grianghraif agus ábhair eile a atáirgeadh:
ar leathanach a 72 © Inpho,
ar leathanach a 73 le caoinchead ó The Irish Times,
ar leathanach a 74 © Photocall Ireland,
ar leathanach a 75 le caoinchead ó RTÉ Raidió na Gaeltachta,
ar leathanach a 78 © Guinness,
ar leathanach a 79 © Independent Newspapers,
ar leathanach a 80 © Kobal.

Contents

Réamhrá	iv
Ord agus leagan amach an scrúdaithe	iv
An Bhéaltriail	1
Reading test	1
Comhrá (Conversation)	8
Páipéar I	15
Format	15
Ceist 1. A: Giota leanúnach	16
B: Scéal	34
C: Litir	41
D: Comhrá	54
Ceist 2. Léamhthuiscint	62
Cluastuiscint	81
Format	81
Worked examples and past tests	95
Páipéar II	130
Format	130
Ceist 1. Prós Ainmnithe	133
Ceist 2. Filíocht Ainmnithe	146
Gramadach	157
Past Examination Papers and Marking Schemes	166

Réamhrá

Déanann an leabhar seo freastal ar ghnéithe uile an chúrsa Ghaeilge don Ard-teistiméireacht—Gnáthleibhéal:
• Páipéar I
• Páipéar II
• An triail cluastuisceana
• An bhéaltriail.

This book covers all aspects of the Leaving Certificate Irish course—Ordinary level:
• Paper I
• Paper II
• Listening comprehension test
• The oral exam.

In all cases, material is provided to enable pupils to work on their own. The sample material will provide a framework to help pupils to deal with the set tasks. In each section the general format, including the allocation of marks, is given at the beginning.

Ord agus Leagan Amach an Scrúdaithe

A	An Scrúdú béil	13–15 nóiméad	150 marc
B	Páipéar I	2 uair an chloig agus 20 nóiméad	220 marc
	Ceist 1	Ceapadóireacht: 120 marc	(2 x 60 marc)
	Ceist 2	Léamhthuiscint: 100 marc	(2 x 50 marc)
C	An chluastuiscint	40 nóiméad	120 marc
D	Páipéar II	2 uair an chloig agus 20 nóiméad	110 marc
	Ceist 1	Prós Ainmnithe (nó Prós Roghnach)	55 marc
	Ceist 2	Filíocht Ainmnithe (nó Filíocht Roghnach)	55 marc
An tIomlán:			600 marc

An Bhéaltriail

150 marc (25%)

Preparation for the oral examination should be to a large extent a revision exercise. What you will use in this exam is the Irish you already know.

There is no need to fear or worry about the test. It is not an ordeal or a test of knowledge: it is an informal chat lasting thirteen to fifteen minutes about everyday topics. The examiners are experienced practising teachers, and their role is to stimulate conversation. It's up to you to respond. You must prepare yourself for having a chat with the examiner.

Use the time in the weeks before the oral exam to speak Irish at every opportunity: at home, at school, with your friends.

Be positive! The examiner is there to discover what you can talk about within the confines of your own experience and to award marks accordingly.

Format

1. *Léitheoireacht* (reading test):   30 marks.
2. *Comhrá* (conversation):   120 marks (80 marks for conversation + 40 marks for accuracy of language).

Total: 150 marks

1. Reading test

The reading test will consist of prose reading only, and for this test the Department of Education has provided fifteen passages. You must select and prepare *five* of those passages for the test. The examiner will then pick *one* of those five passages and allow you one minute to prepare it. He or she will then ask you to read it.

The following passages are the prescribed prose readings:

Giotaí próis don Ardteistiméireacht

SLIOCHT 1
As Mealladh le Máire Áine Nic Gearailt

An dinnéar le hullmhú. Caithfear ithe. Sceallóga inniu. Is breá leo an dinnéar sin, uibheacha, ispíní is sceallóga. Ba chóir go mbeadh lucht na leapa anuas feasta. Ba chóir dúinn uile a bheith cois farraige i mball éigin. Ach ní bheadh sé ann. Ní bheadh sé in aon bhall ina mbeinn. Ní raibh aon tuairisc uaidh, aon fhocal. 'Chuireas am amú leatsa, a Bhreandáin. Aithním anois tú. Bhí lá ann nár aithin. Scaoileas rún leat. D'éistíos leat. Chosnaíos tú dá n-abróinn an fhírinne. Nó dheineas iarracht. Bhíos lán dáiríre agus tusa …'

An bháisteach mall ag titim. An fón balbh. 'Glaoigh, a Bhreandáin!'

'A Lísa. Tá lucht na leapa chugam. Cá bhfuil mo *dhenims* dubha? Chuireas amach iad breis is dhá lá ó shin. Agus m'*Umbro Top*? Tá tú imithe sa diabhal, a Lísa, tú féin is do thoitíní. Ní dhéanann tú puinn, an ndéanann? Is fada liom go dtiocfaidh Mam abhaile.'

SLIOCHT 2
As An Gleann agus a Raibh Ann le Séamas Ó Maolchathaigh

Nuair a fhéachaim siar anois orthu, is é mo thuairim gurbh iad na blianta a thug mé ag dul go scoil Bhaile an Droichid na blianta ab aoibhne de mo shaol, cé nár shíl mé sin san am. Thug Dia meabhair cinn mhaith dom, míle buíochas leis, agus níorbh aon trioblóid mhór dom mo cheachtanna a fhoghlaim. Tá sé le rá agam, dá chrostacht a bhí an Paorach, nár leag sé barr slaite riamh orm i dtaobh gan mo cheachtanna a bheith agam. Ní fhágann sin nár thug sé léasadh dom i dtaobh rudaí eile. Bhí sé crosta cancrach nuair a bhíodh buile air. Ba mhinic a tugadh an chúis dó bheith crosta, ach théadh sé rófhada leis an scéal uaireanta. Bhíodh sé an-dian ar fad ar aon duine a bheadh ar seachrán ón scoil.

SLIOCHT 3
As Machnamh Seanmhná le Peig Sayers

Isteach linn ar an traein agus shuíomar. Bhí a lán daoine eile inár dteannta ann. Is ar éigean a bhí slí ar na suíocháin againn.

Nuair a shroicheamar stáisiún Thrá Lí stad an traein. Tháinig fear chugainn ag lorg ticéadaí agus de réir mar a d'fhaigheadh sé an ticéad, bhaineadh sé manta beag as agus shíneadh chugainn arís é. Bhuaileamar le cois a chéile amach as an traein.

'Sea, a fheara,' arsa Seán Eoghain agus é ag glanadh smúit an charráiste dá chuid éadaigh, 'cad tá le déanamh?'

'Cad tá le déanamh ach a bheith ag paidhceáil leat, a dhuine?' arsa Micil. 'Ná fuil leithead ár gcos de thalamh na hÉireann againn. Má bhímid ag gabháil siar tamall níl againn ach casadh agus ansin, bealach eile a thabhairt orainn féin. Tá an lá fada agus is linn féin a bheimid á chaitheamh.'

SLIOCHT 4
As An tOileánach le Tomás Ó Criomhthainn

Seachtain ón lá seo bhí an bheirt againn pósta, Tomás Ó Criomhthain agus Máire Ní Chatháin sa tseachtain dheireanach d'Inid, 1878. Níor lá go dtí é ar an mBuailtín. Bhí ceithre phob ann agus bhí tamall i ngach tigh acu nó go raibh an lá maol go maith. Bhí an sráidbhaile lán de dhaoine mar bhí a lán póstaí eile ann. Bhí ceithre veidhleadóir ann, fear i ngach tigh, agus fear eile ná raibh in aon tigh ach i gcorp na sráide; agus níorbh é an fear ba mheasa a bhí díolta é, mar ba lasmuigh a bhí an slua.

B'éigean dúinn scarúint leis an mBuailtín sa deireadh san am ba mhó a raibh greann ann, ó ba rud é go raibh an fharraige mhór romhainne agus cuid mhaith againn le tabhairt isteach.

SLIOCHT 5
As Mná as an nGnáth le hÁine Ní Ghlinn

Chreid a lán daoine go bhfuair Bidí Early bua an leighis ó na sióga. Nuair a bhí Bidí óg i gCo. an Chláir, i dtús an 19ú haois déag, chaitheadh sí an-chuid ama i gcúinne páirce in aice le cloch mhór ar a dtugtaí Cloch na Sióg. Uaireanta d'fhiafraíodh a máthair di céard a bhíodh á dhéanamh aici thíos ansin.

'Bím ag caint leis na sióga,' a deireadh Bidí, 'agus ag fáil eolais uathu.'

Bhí buidéal mór ag Bidí, buidéal draíochta. Deirtear gurbh iad na sióga a thug an buidéal sin di …

Oíche amháin, bhí Bidí ag tabhairt aire do leanbh comharsan. Bhí an leanbh ina luí sa chliabhán. Go tobann labhair sé léi.

'Tabhair dom an fhidil sin atá ar crochadh ar an mballa!' ar seisean.

Shín Bidí an fhidil chuige agus thosaigh an leanbh ag seinm. Ceol aisteach álainn a bhí á sheinm aige agus thuig Bidí nárbh aon ghnáthleanbh é seo ach síofra.

Tar éis tamaillín stop an ceol agus labhair an síofra arís.

'An bhfeiceann tú an buidéal sin atá thuas os cionn na tine?'

'Feicim!' arsa Bidí.

SLIOCHT 6
As Daoine Bochta le Liam Ó Flaithearta

D'éirigh an ghrian. Scairt solas an lae ar an tír, ar an trá, ar an bhfarraige. Dhúisigh éanacha an aeir agus chuireadar a gceol binn uathu ag rince trí dhoimhneas na spéire. Bhí brat feamainne ag lonradh ar an trá; dearg ar nós fola, ar a scairteann grian, in aghaidh dúghorm na farraige préachta. Bhí carnán mór bailithe ag Pádraig Ó Dioráin—deich mbord capaill. Chuaigh sé abhaile. Lag tar éis tinnis, is ar éigin a bhí sé in ann an bóthar a shiúl agus a ioscaidí loscrha leis an sáile. Agus anois ag triall abhaile, meabhraíodh dó arís an dúbhrón a bhí ansiúd ag faire air, éagaoin chráite agus uaigh á hoscailt …

Bhí a theach ar cheann an bhaile, teachín fada geal, faoi bhrat aoil; an tuí go cúramach ar a cheann, gach uile rud glan piocaithe ar fuaid na sráide; craobhacha beaga glasa ag fás ag bun an tí. Bean mhaith. Fear maith.

SLIOCHT 7
As Béal Faoi le hEnda O'Coineen

Cé a bhí ann ach Maurice O'Doherty, RTE! Bhí mé sa mbaile! Bhí an oiread sin sceitimíní orm gur léim agus gur bhéic mé le háthas. Níor athraigh tada ó d'fhág mé an baile. Bhí siad fós ag robáil agus ag dul ar stailc. Is iomaí oíche ina dhiaidh sin a d'éist mé le popchlár Larry Gogan. Scríobh mé litir chuige uair amháin ach b'fhéidir gur mhaith an rud nár cuireadh i bpost ariamh í. De réir mar a chuaigh an *Kilcullen* soir tháinig luí na gréine níos luaithe gach oíche agus d'fheabhsaigh an éisteacht a bhí le fáil ar an raidió. Níorbh fhada go raibh mé in ann na cláir roimh chláir Larry Gogan a chloisteáil freisin.

D'ardaigh an ghaoth aniar aneas go moch an mhaidin dár gcionn. Chuir mé an *Kilcullen* ar chúrsa soir ó thuaidh i dtreo Chiarraí. Ba é seo an cúrsa ab fheiliúnaí agus an ghaoth díreach i gceart ag cúig mhuirmhíle dhéag san uair. Bhí mé tar éis fanacht ó dheas in aon turas ag súil leis an ngaoth seo agus bhí an t-ádh liom. Shéid sí go seasta mar seo ar feadh tríocha a sé huaire a chloig agus rinne an *Kilcullen* céad is daichead míle faoi lán seoil. Dá leanfadh sé seo bheinn sa mbaile faoi cheann seachtaine.

SLIOCHT 8
As Céard a Dhéanfas Tú Anois? le Diarmaid Ó Gráinne

Bhuail cloigín an bhus. Bhí Áine ag tuirlingt. Chrom Learaí síos agus lig air féin go raibh sé ag cuartú ticéid ar an urlár. Scinn sí thairis amach, síos an staighre. Lean Learaí tar éis ala agus amach leis den bhus. Bhí sí leathbhealach trasna an bhóthair ar bheith amuigh dó. Suas Ascaill Stradbrook a chuaigh sí. Nuair a shroich Learaí cúinne na sráide, ní raibh le feiceáil aige ach a cúl ag dul isteach i gceann de na tithe arda leathbhealach suas an ascaill. Rith Learaí ar a mhíle dícheall nó gur imigh an anáil uaidh ach bhí sí glanta léi suas an lána nuair a shroich sé geata an tí. Ní fhaca sé ach cúl a cinn ag dul isteach an doras di. Fágadh Learaí cosúil le peacach ag geata na bhflaitheas ag breathnú isteach thar an mballa ard a raibh sreangáin dheilgneacha agus buidéil bhriste ar a bharr.

SLIOCHT 9
As Ar Ais Arís le Muireann Ní Bhrolcháin

Luigh Fiona siar sa suíochán agus dhún a súile ar feadh soicind. D'oscail sí arís iad. A leithéid! Bhí sí anseo le faire ar uimhir 6. Sin árasán 6. Ní fhéadfadh sí a súile a dhúnadh. Thóg sí amach an leabhar crosfhocal a bhí aici ina mála mór. Bhí sí feabhsaithe go mór le dhá bhliain anuas! Bhí an t-am ann nuair nach bhféadfadh sí crosfhocal ar bith a dhéanamh. Anois bhí sí níos fearr ná éinne dá cairde. Bhí sí i bhfad níos fearr ná Mícheál! Bhíodh sé ar buile nuair a bhí sí in ann 'Crosaire' a dhéanamh níos tapúla ná é. Mícheál bocht! Ní fhaca sí anois é le beagnach seachtain! Bhí sí chomh gnóthach sin. Ach bhí an t-airgead uathu. Bhí an cíos an-ard. Ró-ard is dócha.

Chonaic sí an fear as uimhir 6 ag teacht ina treo. Bhí an bhean in éineacht leis an tráthnóna seo. Bhí a lámh ar a ghualainn agus bhí sise ag crochadh as. Bheadh scéal aici don bhean chéile amárach! An bhean bhocht. Ceathrar clainne aici agus an fear céile ina chónaí san árasán seo le cailín óg ocht mbliana déag.

SLIOCHT 10
As Idir Mná: Scríbhneoirí Ban Ros Muc le Máire Seoighe

Bhí cónaí ormsa le m'athair agus le mo mháthair agus m'aintín i nGleann Chatha. Ní raibh sa gclann ach mé féin. Mar sin, ní mó ná sásta a bhí mo mhuintir nuair a bheartaigh mé dul go Sasana. Bhí cara dhom ag dul anonn ag an am seo. Bhí sí seo sa mbaile as Meiriceá agus bhí cleachtadh aici ar thaisteal. Bheartaigh mé dul léi. Maidin álainn i mí Lúnasa, fuair muid an bus ar an nGort Mór agus *away* linn. Chuaigh muid ar an traein i nGaillimh agus muid ag triall ar Bhaile Átha Cliath. Ansin thóg muid an bád ó Dhún Laoghaire go Holyhead agus an traein ar ais go Euston. Ba mhíchompordach an turas é ach nár chuma linn.

SLIOCHT 11
As Laochas le Séamas Ó Searcaigh

Lá dá raibh na Fianna ag seilg fá Loch Léin i gCill Airne, chonaic siad chucu ar mhuin an eich bháin an cailín dóighiúil a raibh folt ar dhath an óir uirthi. Ar theacht i láthair na bhFiann di, bheannaigh sí go múinte d'Fhionn. Chuir seisean faisnéis uirthi cérbh í féin, go bhfuair amach gurbh í Niamh Chinn Óir í, iníon rí Thír na nÓg. Dúirt sí go dtug sí searc agus grá d'Oisín agus go dtáinig sí á bhreith léi go cúirt a hathar. Mhol sí go mór Tír na nÓg gur mheall sí Oisín léi. Trí chéad bliain a bhí Oisín i dTír na nÓg gan buaireamh gan brón, gan meath ná aois a theacht air, ach é faoi aoibhneas is faoi shonas.

SLIOCHT 12
As Rotha Móra an tSaoil le Micí Mac Gabhann

D'imigh muid linn ar an traein ar shiúl na hoíche go dtí gur shroich muid Missoula. Bhí an baile sin tuairim ar chéad go leith nó dhá chéad míle ón áit a d'fhág muid—ar an taobh thiar-thuaidh di. Bhí an lá ansin ann agus cha dtiocfaidh linn dhul ní b'fhaide ar an traein sin. D'fhág muid slán aici, mar sin, duine i ndiaidh an duine eile, agus í ag teacht isteach i stáisiún Missoula. Char chuir aon duine chugainn ná uainn i rith an ama ná char dhúirt duine ar bith nár cheart dúinn a bheith san áit a raibh muid.

Chaith muid an lá sin ag déanamh ár scíste go dtí go dtigeadh traen eile den chineál chéanna chugainn tráthnóna. Tháinig sí in am trátha agus choimhéad muid go maith go bhfuair muid isteach i gceann de na carráistí, an dóigh chéanna a bhfuair muid isteach an lá roimhe sin. Lig muid linn ansin amach fríd na cnoic (Bitter-Root Mountains) agus ar aghaidh fríd thír mhór fhada fhairsing nach raibh teach ná cró inti fad amhairc do shúl.

SLIOCHT 13
As Cith is Dealán le Séamas Mac Grianna

Ní raibh áit suí ar bith ag Tarlach, agus ní raibh gar dó a bheith ag dúil le cuidiú óna athair. Barraíocht a bhí caite ag an athair leis, ar feadh ar ghnóthaigh sé air. Ní raibh an dara suí sa bhuaile ag Tarlach ach imeacht go Meiriceá agus dornán airgid a shaothrú. Ansin a theacht chun an bhaile agus Síle a phósadh.

An tráthnóna sular imigh sé, chaith sé féin agus Síle tamall mór fada ina suí ar ardán os cionn na farraige. Bhí cineál de chuma ghruama ar an tráthnóna, mar a bheadh báisteach air. Thug Síle iarraidh an gol a choinneáil ar gcúl fad a thiocfadh léi, ach bhris na deora uirthi sa deireadh.

'Seo anois, ná caoin, a chéadshearc,' ar seisean. 'Is gairid uilig a bheas cúig bliana ag gabháil thart.'

'B'fhearr liom a bheith leat fann folamh mar atáimid,' ar sise.

SLIOCHT 14
As An Gnáthrud le Deirdre Ní Ghrianna

Bhí pictiúir gan fhuaim ag teacht ón teilifíseán i gcoirnéal an tseomra sa bheár seo i mBéal Feirste, a bhí lán ó chúl go doras. D'amharc Jimmy ar na teidil a bhí ag teacht agus ag imeacht ón scannán roimh nuacht a naoi a chlog. Bhain sé súimín beag as an phionta leann dubh a bhí roimhe agus smaoinigh sé ar an léirscrios a bheadh ina dhiaidh sa bhaile.

Bheadh Sarah, a bhean chéile, ag streachailt go crua ag iarraidh na páistí a chur a luí. Chuirfeadh John, an duine ba shine acu, gasúr crua cadránta i gceann a cheithre bliana, chuirfeadh sé ina héadan go deireadh, cé go mbeadh fáinní dearga faoi na súile aige ar mhéad is a chuimil sé leis an tuirse iad. Ach ní raibh amhras ar bith ar Jimmy cé aige a mbeadh bua na bruíne. Dá ndearcadh sé ar an am a chuaigh thart, déarfadh geallghlacadóir ar bith go mbeadh an bua le Sarah arís eile.

SLIOCHT 15
As Ná Bris Nós le hIarla Mac Aodha Bhuí

B'fhearr le Mícheál a bheith ar ais sa chathaoir. Níor bhain na daoine seo lena shaol: bhí sé as áit ar fad. Bhí sé ar a dhícheall go fóill ag iarraidh ciall a bhaint as caint an tseanchaí. Ní raibh brón air faoin tseanbhean. Ba strainséar í siúd fosta, iarsma caite den bhean a thug aíocht dóibh na blianta fada ó shin. Ach nár thuill na mairbh ómós? Cóisir cheart a bhí ar bun anois: buidéil bheorach á n-oscailt, gloiní á scaipeadh, an comhrá ag éirí glórach. Ba bhreá an rud é gur lár Meithimh a bhí ann nó ghealfadh an lá go luath agus dhéanfadh sé a bhealach ar ais nó ar éigean go tír mór a luaithe is a ghealfadh léas.

Nuair a thosaigh fear ag fáisceadh bosca ceoil, sheas Mícheál agus chuaigh sé isteach go seomra an mhairbh, é ar buile faoin easonóir do Chití. Dhruid sé an doras ar an ghleo agus sheas sé ag an fhuinneog ag amharc amach ar an oíche.

2. Conversation

The aim of this part of the test is to give you an opportunity to show how much Irish you have. It is the *ordinary simple things of life* that are important here. The examiner will base the conversation on your own day-to-day experiences. You may think of this as a 'spiral', beginning with personal details and gradually widening out to take in a wider range of your experience. This diagram represents to some degree what is involved.

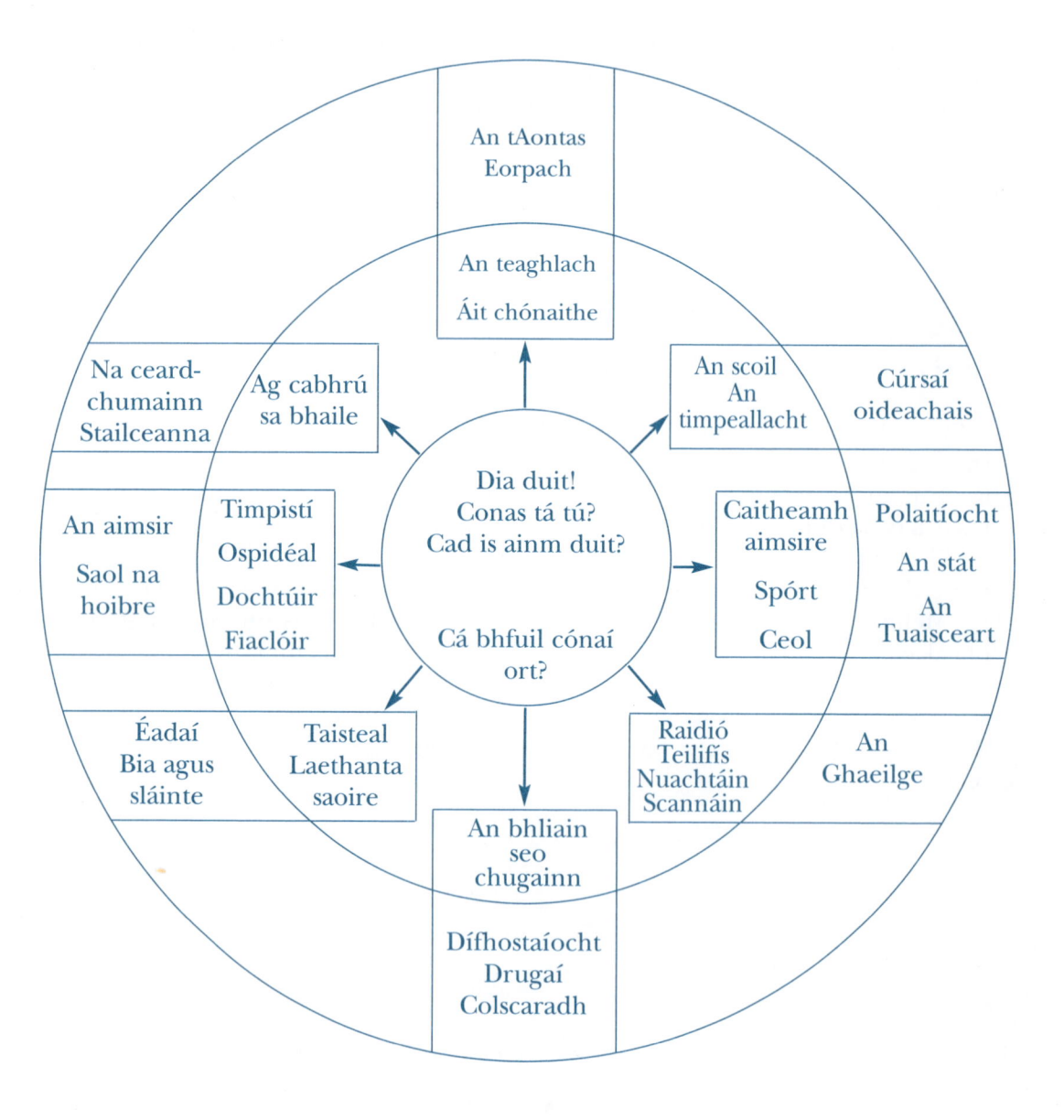

Centre:
Dia duit!
Conas tá tú?
Cad is ainm duit?
Cá bhfuil cónaí ort?

Inner ring:
- An teaghlach / Áit chónaithe
- An scoil / An timpeallacht
- Caitheamh aimsire / Spórt / Ceol
- Raidió / Teilifís / Nuachtáin / Scannáin
- An bhliain seo chugainn
- Taisteal / Laethanta saoire
- Éadaí / Bia agus sláinte
- Timpistí / Ospidéal / Dochtúir / Fiaclóir
- Ag cabhrú sa bhaile

Outer ring:
- An tAontas Eorpach
- Cúrsaí oideachais
- Polaitíocht / An stát / An Tuaisceart
- An Ghaeilge
- Dífhostaíocht / Drugaí / Colscaradh
- An aimsir / Saol na hoibre
- Na ceardchumainn / Stailceanna

An Bhéaltriail (The Oral Examination)

Preparation

Make sure you have practised the material concerning basic personal details:
—about your family
—about your house
—about your school
—about the subjects you are studying
—about the job you would like
—about your holidays
—about your favourite pastime, etc.

Don't be satisfied with a single sentence as an answer to any question. Even in the case of a simple question—for example **'Cén aois tú?'**—you can say: 'Táim seacht mbliana déag d'aois. Rugadh mé ar an gcúigiú lá de mhí na Bealtaine, míle naoi gcéad ochtó. Beidh mo lá breithe agam i gceann dhá mhí.'

Make sure you can express your feelings clearly and strongly. Familiarise yourself with a few ways of saying that you like or dislike something. (See the sample conversation below.)

If you want to talk about a particular topic, don't wait for the examiner to ask a question on that topic. You can easily direct the conversation; for example:

'An maith leat an léitheoireacht?'—'Ní maith liom. Is fearr liom go mór an iománaíocht.'

A significant proportion of the marks are going for *accuracy of speech*. One aspect of this is the *tenses*. Listen carefully to the examiner, and answer the question in the tense in which it is put; for example:

Ar mhaith leat?—Ba mhaith liom./Níor mhaith liom.
An maith leat?—Is maith liom./Ní maith liom.
An dtéann tú?—Téim./Ní théim.
Ar chuala tú?—Chuala./Níor chuala.
Cad a dhéanfaidh tú?—Déanfaidh mé …
Cad a dhéanfá?—Dhéanfainn …

Sample conversation

Here is a typical conversation.
- Note the structures and vocabulary.
- Adapt it to suit your own preferences.

Ceist	Freagra
Cad is ainm duit?	… is ainm dom.
Cá bhfuil tú i do chónaí?	Tá mé i mo chónaí i/sa …
Cén aois tú?	Tá mé sé bliana déag d'aois./Beidh mé ocht mbliana déag d'aois …
Conas a thagann tú ar scoil?	Tagaim ar mo rothar./Siúlaim./Faighim síob ó m'athair.

Cad iad na hábhair atá á ndéanamh agat?	Tá seacht n-ábhar idir lámha agam: Gaeilge, Béarla, fisic, ceimic, bitheolaíocht, Fraincis, agus matamaitic.
Cén t-ábhar is fearr leat?	Gaeilge an t-ábhar is fearr liom, mar tá mé go maith chuici. Tá an-spéis agam sa Ghaeilge. Tá an múinteoir go sármhaith. Bainim an-sásamh as an ábhar seo.
An maith leat an scoil?	Is maith liom/is breá liom/is fuath liom an scoil, mar tá a lán cairde agam sa scoil. Tá rogha leathan ábhar ar fáil sa scoil. Tá áiseanna breátha sa scoil: halla gleacaíochta, páirceanna imeartha, cúirteanna leadóige, seomra ríomhairí, seomra grianghrafadóireachta, séipéal, amharclann, agus leabharlann. Is féidir leas a bhaint as na háiseanna go léir. Tá roinnt de na múinteoirí go maith. Tá traidisiún láidir spóirt sa scoil. Níl sé i bhfad ó m'áit chónaithe. Ní maith liom an scoil, mar faighimid an iomarca obair bhaile. Tá an-bhrú orainn. Ní maith liom roinnt de na múinteoirí. Níl aon chailíní/buachaillí sa scoil; b'fhearr liom iad a bheith ann. Tá na rialacha ródhaingean sa scoil. Ní maith liom bheith faoi éide faoi leith. Tá an iomarca béime ar spórt sa scoil.
Cén caitheamh aimsire atá agat?	Is annamh a bhíonn seans agam éalú ó na leabhair, ach nuair a bhíonn am le spáráil agam, imrím … glacaim páirt i … seinnim … féachaim ar … éistim le … téim ag … léim … Glacaim an saol go réidh. Tá mé ar fhoireann sacair/cispheile na scoile. Tá mé i mo bhall de chumann …

An Bhéaltriail (The Oral Examination)

Cad a rinne tú an samhradh seo caite?	I dtosach mhí na Bealtaine bhí na scrúduithe scoile ar siúl. Bhí an t-ádh dearg liomsa, mar fuair mé post i dteach tábhairne/i dteach ósta
	ag scuabadh/ag glanadh/ag freastal ar/ag iompar/ag ní
	i monarcha
	in oifig árachais/cuntasóra
	ag plé le ríomhairí
	in ollmhargadh ag líonadh na seilfeanna
	i siopa sceallóg
	ag péinteáil tithe
	Bhí an pá ar fheabhas/cuibheasach/íseal go leor.
	Bhí an obair go dian, agus bhí na huaireanta fada.
	Níor gearradh aon cháin orm. Thaitin/níor thaitin sé liom.
	I mí an Mheithimh/i mí Iúil chuaigh mé chun na Gaeltachta.
	Chaith mé lá sa Ghaeltacht.
	I mí Lúnasa chuaigh mé ar saoire leis an teaghlach/le mo chairde.
Cad a dhéanfaidh tú tar éis na hArdteiste?	Níl mé cinnte fós. Braitheann gach rud ar thorthaí na hArdteiste/ar líon na bpointí a fhaighim.
Cad ba mhaith leat a dhéanamh?	Má fhaighim na pointí cuí ba mhaith liom freastal ar an ollscoil.
Cén post ba mhaith leat?	Ba mhaith liom céim a bhaint amach chun bheith i mo mhúinteoir/mo dhochtúir/m'aturnae/m'innealtóir ...

Cén fáth?

Tá an pá ard.

Tá suim agam ann.

Tá sé spéisiúil.

Thabharfadh sé deis dom an domhan a thaisteal.

Bhainfinn sásamh as.

Cad a dhéanfá dá mbuafá an Crannchur Náisiúnta?

Chuirfinn an t-airgead i dtaisce.

D'infheisteoinn an t-airgead.

Bhunóinn mo chomhlacht féin: siopa cúinne, comhlacht árachais, siopa éadaigh …

Thabharfainn cuid den airgead do mhuintir an Tríú Domhain, do 'Ghorta', do 'Thrócaire' …

Ní dhéanfainn dearmad ar mo mhuintir féin. *Thabharfainn* airgead do Mhuintir Shíomóin, do Chumann San Uinseann de Pól, do ALONE …

Ar ndóigh, *cheannóinn* bronntanais do mo mhuintir féin: do m'athair, do mo mháthair …

Dhéanfainn camchuairt domhanda. *Rachainn* go dtí an Astráil, an Spáinn, an Ghréig, an Phortaingéil. *Thabharfainn* cuairt ar Sheacht nIontas an Domhain. Ba bhreá liom … a fheiceáil. Ba bhreá liom bualadh le …

Cheannóinn go leor rudaí dom féin: teach mór le linn snámha, gluaisteán …

Ceisteanna samplacha

Here are some typical questions that might form part of any oral exam. Make sure you would be able to have a suitable answer in each case. Practise with a friend, and get help with any difficulties you encounter.

Cá bhfuil cónaí ort? Cén sórt áite é?
An mó duine atá sa chlann?
An gcabhraíonn tú sa bhaile?
Cad a dhéanann tú?

An Bhéaltriail (The Oral Examination)

An raibh post samhraidh agat riamh?
Cén caitheamh aimsire atá agat?
Cad é an clár teilifíse is fearr leat?
Cén sórt léitheoireachta a thaitníonn leat?
Cad a dhéanfaidh tú i rith an tsamhraidh?
An bhfuil baint agat le club nó le cumann ar bith?
Cad iad na hábhair atá á ndéanamh agat don Ardteist?
Cad é an ceann is fearr leat?

An bhfuil aon tionscal sa cheantar seo? Cad é féin?
Cad é do thuairim faoi aos óg an lae inniu?
Cad ba mhaith leat a dhéanamh an bhliain seo chugainn?
Cad a cheapann tú faoi fhadhb na dífhostaíochta?
Cad a dhéanann tú ag an deireadh seachtaine?
Cad é do thuairim faoin Rialtas atá ann faoi láthair?
Cad iad na fadhbanna is mó atá ag Éirinn?
An bhfuil aon fhadhb ar leith ag an gceantar seo?

An bhfuil aon fhéile áitiúil agaibh anseo?
An bhfuil tú sásta leis an scoil seo?
Cad a dhéanfá dá mbeifeá i do phríomhoide?
An maith leat an Ghaeilge?
Cad iad na lochtanna is mó a fheiceann tú sa chóras oideachais?
Cad é an post ba mhaith leat a bheith agat?
Cén fáth?
Cén obair a dhéanann … [pé post atá luaite thuas]?
An bhfuil raidió áitiúil sa cheantar?
An gceapann tú gur maith an rud é?
Cad é an spórt is fearr leat?
An maith leat taisteal?
Inis dom faoi thuras a rinne tú.
An bhfuil aon áit eile ar mhaith leat dul ann?

ABAIRTÍ ÚSÁIDEACHA DON BHÉALTRIAIL
Tuairim (An opinion)
Ceapaim …
Sílim …
Measaim …
Is dóigh liom …
Is é mo thuairim …
Táim ag ceapadh …

Taitneamh (Likes)
Is maith liom …
Is breá liom …

Is fearr liom …
Cuireann sé áthas orm.

Míthaitneamh (Dislikes)
Ní maith liom …
Is fuath liom …
Is oth liom …
Is gráin liom …
Cuireann sé fearg orm.
Cuireann sé déistin orm.
Cuireann sé ar buile mé.

Maith (Good)
go maith
thar barr
tá go maith
go hiontach
ar fheabhas
go diail

Olc (Bad)
go holc
go dona
go hainnis
go huafásach
amaideach
scannalach

BRIATHRA COITIANTA (COMMON VERBS)

Ceist	Freagra
An raibh?	Bhí./Ní raibh.
An bhfuil?	Tá./Níl.
An mbeidh?	Beidh./Ní bheidh.
An ndeachaigh?	Chuaigh./Ní dheachaigh.
An dtéann?	Téann./Ní théann.
An dtagann?	Tagann./Ní thagann.
An bhfaighidh?	Gheobhaidh./Ní bhfaighidh.
An bhfaca?	Chonaic./Ní fhaca.
An ndearna?	Rinne./Ní dhearna.
An maith leat?	Is maith liom./Ní maith liom.
Ar mhaith leat?	Ba mhaith liom./Níor mhaith liom.

> **Note**
> Study the points of grammar on pages 157–65.

Páipéar I   Format

Time: 2 hours

Ceist 1   Ceapadóireacht   120 marks

Answer any *two* of A, B, C, D.

A. Giota leanúnach
B. Scéal   } 60 marks for each
C. Litir
D. Comhrá

Ceist 2   Léamhthuiscint   100 marks

Answer A *and* B.

Two passages of reading comprehension } 50 marks for each

Total marks: 220 (36⅔ per cent)

Ceist 1 (A): Giota leanúnach

GUIDELINES
1 The length should be about 150 words.
2 Make sure you understand the title, and make sure you have the vocabulary to write the required amount.
3 Plan your writing.
   • Jot down any ideas, words or phrases that occur to you on the topic.
   • Use questions such as *cé? cá? cad? cathain? conas? cén fáth?* to help you.
4 Organise your ideas in logical order:
   —introduction
   —*three or four* different aspects of the topic
   —conclusion.
5 Remember that most of the marks are for your Irish.
   • It is better to leave something out entirely if you haven't got the vocabulary to express it in Irish.
   • Pay attention to
   —tenses
   —spelling.
   Short, simple sentences are best.
6 Attend to corrections.
   • Make sure to read back over what you have written and make any necessary corrections neatly.

Note
In the following pages you will find
—general vocabulary suitable for the *giota leanúnach*
—common examination topics, with relevant vocabulary
—four samples of *giota leanúnach* with specific vocabulary.
Each sample has tasks related to examination questions.

GIOTA LEANÚNACH: VOCABULARY

is é mo thuairim/is é mo mheas/is é mo bharúil	it's my opinion
i mo thuairim	in my opinion
measaim/sílim	I think
creidim/braithim	I believe/I feel
tuigim	I understand/I realise that
le déanaí	lately
sa lá atá inniu ann/na laethanta seo	nowadays/these days
amach anseo	in the future

fadó	a long time ago
blianta ó shin	years ago
le blianta beaga anuas	in recent years
tamall ó shin	a while ago
ar thaobh amháin den scéal	on one side of the story
ar an taobh eile	on the other side/on the other hand
ar an gcéad dul síos/i dtús báire	in the first instance
sin scéal eile	that's another matter
a mhalairt de scéal	that's a different matter
thairis sin	besides that
ní bhaineann sin leis an scéal	that has nothing to do with the matter
an cheist a phlé/a chíoradh	to discuss the matter
réiteach na ceiste/na faidhbe	the solution to the problem
is maith liom	I like
is fearr liom	I prefer
ba mhaith liom	I would like
b'fhearr liom	I would prefer
is breá liom	I like (very much)
is gráin/fuath liom	I hate
cuireann sé déistin orm	it disgusts me
is cuimhin liom go maith	I remember well
ní foláir dom	I must
is mithid dom	it's time for me
is ionadh liom	it's a wonder to me
is cosúil/is amhlaidh	it seems
is iomaí	it's many
de réir dealraimh	it seems (according to appearances)
ní lia duine ná tuairim	everyone has their own opinion
buntáistí	advantages
míbhuntáistí	disadvantages
riachtanach	necessary
tábhachtach	important
práinneach	urgent
deacair	difficult
deacrachtaí	difficulties
éagsúil	different
difríochtaí	differences
tuairimí éagsúla	different opinions
is mór an trua é	it's a great pity

is mór an t-ionadh é	it's a great wonder
is mór an náire é	it's a great shame
is beag é mo mheas air	I don't think much of it
is beag suim atá agam ann	I haven't much interest in it
is beag é m'eolas air/ níl mórán cur amach agam air	I don't know much about it
dála an scéil	by the way
pé scéal é	anyway
go háirithe	especially
ach go háirithe	anyway/at any rate
duine áirithe	somebody/a particular person
is fiú é	it's worth it/worth while
ní fiú é	it isn't worth it/worth while
is mór is fiú é	it's well worth it
ar chuma ar bith	anyway
is cuma liom	it's all the same to me/I don't care
táim ar nós cuma liom faoi	I'm indifferent to it
ar chuma éigin	somehow
duine éigin	somebody
b'éigean dó	he had to
ar éigean	hardly/barely
faoi lánseol	in full swing
chomh fada le m'eolas	as far as I know
is eol do chách	everybody knows
tá a fhios ag an saol	everybody knows
tá an-tóir air/tá an-éileamh air	it's in great demand/it's very popular
tá sé i mbéal an phobail/tá sé faoi iomrá	everyone is talking about it
tar éis an tsaoil	after all
luath nó mall	sooner or later
faoin am sin/um an dtaca sin	by that time

GIOTA LEANÚNACH: COMMON EXAMINATION TOPICS
1. An t-aos óg

óganaigh/daoine óga/an óige	young people
déagóirí	teenagers
tuismitheoirí	parents
tá siad idéalaíoch	they are idealistic
ógchiontóirí	young offenders

fadhb na ndrugaí	the drugs problem
andúileach drugaí	drug addict
dea-shampla	good example
drochshampla	bad example
pop-cheol	pop music
an iomarca saoirse agus airgid	too much freedom and money
smacht	discipline/control
treoir	guidance
easpa áiseanna	lack of facilities
tá easpa deiseanna acu	they lack opportunities
dífhostaíocht	unemployment
tá brú orthu ar scoil	they are under pressure at school
clubanna óige	youth clubs
ní thógfainn orthu é	I wouldn't blame them
ní orthu atá an locht	it's not their fault
mol an óige agus tiocfaidh sí	youth responds to praise

2. Oideachas

bunscoil	primary school
meánscoil	secondary school
gairmscoil	technical school
scoil chuimsitheach	comprehensive school
scoil phobail/pobalscoil	community school
scoil chónaithe	boarding-school
coláiste teicniúil réigiúnach	regional technical college
institiúid teicneolaíochta	institute of technology
ollscoil	university
ábhair scoile	school subjects
réimse fairsing	a wide range
rogha mhaith	a good choice
scrúdú, scrúduithe	exam, exams
grád, gráid	grade, grades
pointí don ollscoil	points for university
an príomhoide	the principal
an Roinn Oideachais agus Eolaíochta	the Department of Education and Science
scrúdaitheoir	examiner
an Ardteistiméireacht	the Leaving Certificate
scrúduithe cainte	oral exams
corpoideachas	physical education
múinteoir gairmthreorach	career guidance teacher
cúrsa réamhfhostaíochta	pre-employment course
cúrsa rúnaíochta	secretarial course
ríomhaire	computer
an nuatheicneolaíocht	the new technology

ábhair phraiticiúla	practical subjects
céim a bhaint amach	to get a degree
an córas oideachais	the educational system
an córas scrúduithe	the examination system
cúrsaí scoile	school affairs
slí bheatha a thoghadh	to choose a career
tá an iomarca brú ar dhaltaí	there's too much pressure on pupils

3. Spórt

peil	(Gaelic) football
sacar	soccer
rugbaí	rugby
cispheil	basketball
liathróid láimhe	handball
iománaíocht	hurling
camógaíocht	camogie
haca	hockey
cúl	a goal
cúilín	a point
imreoir, imreoirí	player, players
peileadóir, peileadóirí	footballer, footballers
leadóg	tennis
ag imirt leadóige	playing tennis
cluiche	match/game
galf	golf
scuais	squash
aclaí/fiteáilte	fit
cluichí páirce	field games
cluichí foirne	team games
foireann	team
réiteoir	referee
cluiche ceannais/craoibhe	final
Craobh na hÉireann	the All-Ireland
corn	cup (trophy)
Corn Domhanda	World Cup
lucht féachana	spectators
lúthchleasa	athletics
na Cluichí Oilimpeacha	the Olympic Games
tá an iomarca béime ar …	there is too much emphasis on …
suim sa spórt	interest in sport
taitneamh agus tairbhe	enjoyment and benefit
sárchluiche	a great game
corpoideachas	physical education
tá gá ag gach duine le cleachtadh coirp	everyone needs exercise
ag imirt peile	playing football

4. Teilifís agus raidió

clár teilifíse	television programme
cláir theilifíse	television programmes
stáisiún teilifíse	television station
bolscaire	announcer
tráchtaire	commentator
cláir éagsúla	different programmes
cláir oideachais	educational programmes
cláir do pháistí	children's programmes
curtha i láthair ag …	presented by …
ní féidir gach duine a shásamh	you can't please everyone
cláir shiamsa	light entertainment
tá an-tóir air	it's very popular
fógraíocht	advertising
an iomarca fógraíochta	too much advertising
cuireann sé isteach ar an gclár	it interrupts the programme
cur amú ama is ea é	it's a waste of time
an iomarca seafóide ó Mheiriceá	too much rubbish from America
ag iarraidh freastal ar gach duine	trying to please everyone
stáisiún mídhleathach/bradach	illegal station
ceadúnas	licence
raidió áitiúil	local radio
Raidió na Gaeltachta	
an nuacht	the news
réamhaisnéis na haimsire/tuar na haimsire	the weather forecast
cabhraíonn sé le seandaoine	it helps old people
an t-uaigneas a dhíbirt	to banish loneliness
cláir fhiúntacha	worthwhile programmes
cláir cheistiúcháin	quiz programmes
sraithscéalta	serials
deirtear go bhfuil drochthionchar aige ar pháistí	it's said that it has a bad effect on children
léirítear foréigean agus gáirsiúlacht mar ghnáthchuid den saol	violence and obscenity are portrayed as a normal part of life
na meáin chumarsáide	the media
cainéal	channel

5. Taisteal

paisinéirí	passengers
bus, busanna	bus, buses
traein, traenacha	train, trains
córacha taistil	modes of transport
bagáiste	baggage
tír, tíortha iasachta	foreign country, countries

teanga, teangacha iasachta	foreign language, languages
laethanta saoire	holidays
an Spáinn	Spain
an Fhrainc	France
an Ghearmáin	Germany
bíonn siúlach scéalach	a traveller has many stories
fairsingíonn an taisteal an intinn	travel broadens the mind
fonn taistil/dúil sa taisteal	the desire to travel
feabhas ar an gcaighdeán maireachtála	an improvement in the standard of living
is acmhainn do dhaoine	people can afford
chun teanga a chleachtadh	to practise a language
is mór is fiú taisteal a dhéanamh	travel is well worth while
caighdeán ard	a high standard
óstán	a hotel
nósanna agus cultúr na tíre	the customs and culture of the country
caidreamh a dhéanamh le daoine iasachta	to make contact with, to get to know foreign people
ionad saoire	a resort
láithreán campála	campsite
carbhán	caravan
aerphort	airport
caladh	port; ferry
na Custaim	the Customs (at airport etc.)
áiteanna stairiúla agus cultúrtha	historic and cultural places
traidisiúnta	traditional
tíortha teo	warm countries
ag sú na gréine	sun-bathing
an Mheánmhuir	the Mediterranean
turasóirí	tourists
turasóireacht	tourism
tá gá ag gach duine le saoire de shaghas éigin	everyone needs some kind of holiday
sos a ghlacadh ó bhuarthaí an tsaoil	to take a rest from everyday worries
an-chostasach	very expensive
bhain mé ardtaitneamh as	I enjoyed it thoroughly
lucht saoire	holiday-makers
saoire bhliantúil	annual holidays

6. Ceol agus caitheamh aimsire

pop-cheol	pop music
ceol clasaiceach	classical music
ceol tíre/ceol Gaelach/ceol traidisiúnta	traditional music
snagcheol	jazz

banna ceoil	band
grúpa ceoil	group
ceoltóirí	musicians
ceolfhoireann	orchestra
ceolchoirm shiansach	symphony concert
gléasanna ceoil	musical instruments
giotár	guitar
pianó	piano
feadóg mhór	flute
feadóg stáin	tin whistle
veidhlín	violin
cláirseach/cruit	harp
amhrán, amhránaí, amhránaíocht	song, singer, singing
ceoldráma	opera
ceirnín	record
caiséad	cassette
dlúthcheirnín	compact disc/CD
seinnteoir ceirníní	record-player
téipthaifeadán	tape-recorder
seinnteoir dlúthcheirníní	CD player
seinnim	I play (music)
ceolchoirm	concert
togha ceoil!	great music!
tugann sé suaimhneas aigne	it soothes the mind
bhí suim ag an gcine daonna i gcónaí sa cheol	people have always liked music
amharclann	theatre
aisteoir	actor
dráma	a play
drámaíocht	drama, the theatre
ag imirt cártaí	playing cards
ficheall	chess
bailiúchán stampaí	stamp collection
gúnadóireacht	dressmaking
patrún páipéir	paper pattern
cócaireacht	cookery
oideas	recipe
ríomhaire	computer
ríomhaire baile	home computer
cluichí ríomhaire	computer games
pictiúrlann	cinema
scannán	film
scannánaíocht	the cinema, film-making

7. Timpistí

timpiste	accident
luas	speed
teorainn luais	speed limit
soilse tráchta	traffic lights
crios tarrthála	safety belt
coisí, coisithe	pedestrian, pedestrians
tiománaí, tiománaithe	driver, drivers
sleamhain	slippery
sioc	frost
brú tráchta	traffic jam
comharthaí bóthair	road signs
neamhchúramach	careless
an dlí	the law
sáraíonn siad an dlí	they break the law
triail tiomána	driving test
slán sábháilte	safe and sound
sábháilteacht	safety
ceadúnas tiomána	driving licence
na cúirteanna	the courts
an dlí a chur i bhfeidhm	to enforce the law
an t-ól	drink (alcohol)
alcólach	alcocholic
deoch, deochanna	drink, drinks
tástáil anála	breathalyser
tar éis am dúnta	after closing time
na tithe tábhairne	the pubs
ag an deireadh seachtaine	at the weekend
ar meisce/ólta	drunk
meisceoirí	drunks
bhí dhá thaobh an bhóthair aige	he was very drunk (i.e. taking both sides of the road)
tá na cúirteanna róbhog orthu	the courts are too easy on them
ba chóir pionós níos géire a ghearradh orthu	heavier penalties should be imposed on them
contúirt/baol	danger
contúirteach/baolach	dangerous
faoi árachas	insured
cáin	tax
rothaithe	cyclists
sciorr an carr	the car skidded
tá na bóithre lán de phoill	the roads are full of potholes
nuair a bhíonn an t-ól istigh bíonn an chiall amuigh	drink makes you lose your sense
má ólann tú, ná tiomáin	if you drink, don't drive

is fearr an carr a fhágáil sa bhaile	it's better to leave the car at home
ní fiú dul sa seans	it's not worth the risk

8. An aimsir agus na séasúir

an t-earrach	the spring
i rith an earraigh	during the spring
an samhradh	the summer
míonna an tsamhraidh	the summer months
an fómhar	the autumn
tús an fhómhair	the beginning of autumn
an geimhreadh	the winter
fuacht an gheimhridh	the cold of winter
dea-aimsir/soineann	good weather
drochaimsir	bad weather
doineann	stormy weather
an ghrian ag spalpadh anuas	the sun beating down
teas millteach	tremendous heat
an teocht	the temperature
taitneamh na gréine	sunshine
dó gréine	sunburn
buí/dath gréine	suntan
grianmhar	sunny
toirneach agus tintreach	thunder and lightning
stoirm, stoirmiúil	storm, stormy
ag stealladh báistí	pouring rain
fuar	cold (adj.)
fuacht	cold (noun)
bíonn na bóithre sleamhain	the roads are slippery
ceo	fog/mist
ceobhrán	mist/drizzle
calóga sneachta	snowflakes
flichshneachta	sleet
clocha sneachta	hailstones
leac oighir	ice
préachta leis an bhfuacht	freezing with cold
ag crith leis an bhfuacht	shivering with cold
bíonn dreach uaigneach ar an tuath	the countryside looks lonely

9. Slite beatha

gairm	profession
aturnae	solicitor
abhcóide	barrister
innealtóir	engineer
bainisteoir	manager
cuntasóir	accountant

ceird	trade
siúinéir	carpenter
pluiméir	plumber
leictreoir	electrician
meicneoir	mechanic
feisteoir	fitter
dul le múinteoireacht	to go in for teaching
oileadh ina dochtúir í	she became a doctor
rinneadh sagart de	he became a priest
ba mhaith liom bheith i mo …	I would like to be a …
slí bheatha a roghnú	to choose a career
freastal ar an ollscoil	to attend university
easpa deiseanna	lack of opportunities
cáilíochtaí	qualifications
céim a bhaint amach	to get a degree
teastas	certificate
obair dhian	hard work
obair shuimiúil	interesting work
obair thuirsiúil	tedious work
oibrí, oibrithe	worker, workers
ceardchumann	trade union
oifig	office
monarcha	factory
ag meilt ama	wasting time
pá	pay
post, poist	job, jobs
fostaitheoir/fostóir	employer
thug sé an bóthar dó	he gave him the sack
briseadh as a post í	she was sacked
fostaithe	employed
dífhostaithe	unemployed
sochar dífhostaíochta	unemployment benefit
cúnamh dífhostaíochta	unemployment allowance/the dole
ardú céime	promotion
iarratas a chur isteach ar phost	to apply for a job
foirm iarratais	application form

10. Léitheoireacht agus nuachtáin

úrscéalta	novels
gearrscéalta	short stories
drámaí	plays
filíocht	poetry
irisí	magazines
scéalta bleachtaireachta	detective stories
leabhair thaistil	travel books

litríocht	literature
beathaisnéis	biography
dírbheathaisnéis	autobiography
cúlra stairiúil	historical background
leabhar faoi chlúdach bog	paperback
an leabharlann	the library
leabharlannaí	librarian
ciúnas	silence
dáta fillte	return date
ag dul i léig	on the decline
leabhar a roghnú	to choose a book
rogha fhairsing	a wide choice
údar	author
is caitheamh aimsire taitneamhach í	it's a pleasant pastime
fairsingíonn sí an intinn	it broadens the mind
níl fáil air	it's not available
samhlaíocht	imagination
nuachtán/páipéar nuachta	newspaper
iris	magazine, journal
iriseoir	journalist
iriseoireacht	journalism
tuairisceoir	reporter
cúrsaí reatha	current affairs
cúrsaí domhanda	world affairs
nuachtán laethúil, seachtainiúil	daily, weekly newspaper
tionchar na meán cumarsáide	the influence of the media
eagarthóir	editor
eagarfhocal	editorial
leathanach spóirt	sports page
freastal ar an bpobal	to serve the public
lucht léite	the readers
ailt	articles
crosfhocal	crossword
scríbhneoir	writer
nuachtán áitiúil	local newspaper
grianghraf	photograph
grianghrafadóir	photographer
saoirse na nuachtán	the freedom of the press
tá an iomarca béime ar an drochscéala	there's too much emphasis on bad news
cinsireacht	censorship
tá an iomarca fógraíochta iontu	there's too much advertising in them
creideann go leor gach a léann siad	many people believe everything they read

is féidir le daoine a dtuairimí a nochtadh go poiblí	people can publicise their opinions
litreacha chuig an eagarthóir	letters to the editor
fógra a chur sa pháipéar	to put a notice/advertisement in the paper
seirbhís don phobal	a service to the public
eolas faoi scannáin, drámaí	information about films, plays
cláir theilifíse	television programmes

11. Fadhbanna sóisialta

fadhbanna sóisialta	social problems
fadhb an ólacháin	the drink problem
fadhb na tithíochta	the housing problem
dífhostaíocht	unemployment
ganntanas post	scarcity of jobs
polasaithe an Rialtais	Government policies
an tromlach	the majority
an mionlach	the minority
drugaí	drugs
andúileach drugaí	drug addict
níl dóthain áiseanna ann chun déileáil leis an bhfadhb	there aren't enough facilities for dealing with the problem
caithfear an cheist a réiteach	the problem must be solved
hearóin	heroin
ag bolú gliú	sniffing glue
cliseadh pósta	marriage breakdown
colscaradh	divorce
frithghiniúint	contraception
ginmhilleadh	abortion
mná batráilte	battered wives
seandaoine	old people
an pinsean	the pension
cráite ag an uaigneas	tormented by loneliness
tréigeann a gclanna iad	their families desert them
bochtaineacht	poverty
na bochtáin	the poor
riachtanaisí na beatha	the necessities of life
Cumann San Uinseann de Pól	the St Vincent de Paul Society
eagraíochtaí deonacha	voluntary organisations
carthanais	charities
tá togha oibre ar siúl acu	they are doing great work
chun an cheist a phlé	to discuss the problem
tá cúrsaí ag dul in olcas	things are getting worse
tá cúrsaí ag dul i bhfeabhas	things are getting better

an chomhairle contae	the county council
an chomhairle cathrach	the city council
scéim tithíochta	housing scheme
caithfear tuilleadh airgid a chur ar fáil	more money will have to be made available
creachadóireacht	vandalism
leatrom	injustice

12. An timpeallacht

an dúlra	nature
an tuath	the countryside
áilleacht na tuaithe	the beauty of the countryside
faoin tuath	in the country
chuaigh mé faoin tuath	I went down the country
an fharraige	the sea
chuaigh mé cois farraige	I went to the seaside
sliabh, sléibhte	mountain, mountains
loch, lochanna	lake, lakes
páirc, páirceanna	field, fields
coill, coillte	wood, woods
ainmhithe, éin, éisc	animals, birds, fish
suaimhneas na tuaithe	the peace of the countryside
buarthaí an tsaoil	the worries of life
easpa tráchta ar na bóithre	lack of traffic on the roads
radhairc áille	beautiful sights
áilleacht nádúrtha	natural beauty
saol folláin	a healthy life
forbairt tionsclaíochta	industrial development
ceimiceáin	chemicals
truailliú	pollution
eisilteach	effluent
maraítear na mílte éisc	thousands of fish are killed
caomhnú	conservation
loiteann/milleann sé	it destroys
tá gá le poist a chur ar fáil	jobs need to be provided
tá athruithe ag teacht	changes are coming
feirmeoireacht	farming
obair dhian is ea é	it's hard work
innealra nua-aimseartha	modern machinery

Giota leanúnach: sampla 1
Mo rogha caitheamh aimsire

Is iomaí cineál caitheamh aimsire a thriail mé ó tháinig siúl na slí ionam. Bhain mé triail as an bpeil, an snámh, agus karate fiú amháin! Fuair mé rothar ar mo lá breithe nuair a bhí mé cúig bliana déag d'aois, agus ó shin i leith is í an rothaíocht mo rogha caitheamh aimsire.

Níl rud is fearr don tsláinte ná an rothaíocht. Gach deis a fhaighim téim amach faoin tuath ar mo rothar. Is breá liom an ciúnas agus an t-aer glan úr. Nuair a bhíonn tú ag rothaíocht bíonn deis agat féachaint i do thimpeall nó stad in áit ar bith is mian leat chun aoibhneas a bhaint as an dúlra.

Tá rothar an-mhaith agam faoi láthair, agus dá bhrí sin tugaim togha na haire dó. Tá rothair an-daor na laethanta seo, agus go minic bím buartha go ngoidfear mo rotharsa. Má bhíonn an aimsir go maith i rith an tsamhraidh tá sé i gceist agam féin agus ag mo chara dul ar thuras rothaíochta go Contae Chiarraí. Táim cinnte go mbainfimid taitneamh as. Níl aon teorainn leis an bpléisiúir a thugann an rothaíocht do gach duine. Níl a fhios agam cad a dhéanfainn gan mo rothar.

Gluais
iomaí: many
ó tháinig siúl na slí ionam: since I have been able to walk
fiú amháin: even
ó shin i leith: ever since
mo rogha caitheamh aimsire: my favourite pastime
níl rud is fearr: there's nothing better
is breá liom: I love
áit ar bith is mian leat: wherever you wish
aoibhneas: enjoyment
an dúlra: nature
togha na haire: the best of care
buartha: worried
níl aon teorainn: there is no limit

Obair duitse
Scríobh giota leanúnach ar cheann amháin de na hábhair seo:
   (1) An spórt: an tábhacht a bhaineann leis
   (2) Mo rogha cluiche.

> **Note**
> Use the sample above and relevant vocabulary given under the heading 'Common examination topics' (pages 18–29).

Giota leanúnach: sampla 2
AN TAITNEAMH A BHAINIM AS AN LÉITHEOIREACHT

Ní dóigh liom go bhfuil caitheamh aimsire ar bith ann atá chomh hiontach agus chomh tairbheach leis an léitheoireacht.

Is ball mise den leabharlann áitiúil ó d'fhoghlaim mé léamh na blianta ó shin. Gach seachtain gan teip faighim cúpla leabhar nó trí agus caithim an-chuid ama ag léamh i rith an deireadh seachtaine. Measaim gur fearr an léitheoireacht ná an teilifís chun eolas a bhailiú. Tá an teilifís ceart go leor, is dócha, ach bíonn tú ag brath ar cibé clár a bhíonn ar siúl. Os a choinne sin is féidir le duine a rogha leabhair a fháil ón leabharlann agus a ábhar féin a roghnú.

Is mór an faoiseamh í an léitheoireacht ó obair scoile. Nuair a fhaighimse leabhar maith déanaim dearmad ar gach rud i mo thimpeall, agus go minic bíonn ar mo mháthair glaoch orm arís agus arís eile sula gcloisim í. Cé go mbíonn sí cantalach ar uairibh bíonn bród uirthi nuair a fhaighim marcanna maithe toisc an t-eolas a bhíonn bailithe agam ó mo chuid leabhar.

Cabhraíonn an léitheoireacht leis an tíreolaíocht, leis an stair, agus, de dhéanta na fírinne, le gach aon ábhar scoile. Nuair a bheas mé fásta agus airgead agam rachaidh mé ag taisteal ar fud an domhain ach beidh réamheolas agam ar a lán áiteanna agus ar nósanna na ndaoine ó mo chuid léitheoireachta. Is cinnte nach bhfuil aon teorainn le tairbhe na léitheoireachta.

Gluais
tairbheach: beneficial
is ball mise: I am a member
gan teip: without fail
ag brath: depending
os a choinne sin: on the other hand
faoiseamh: relief
ar uairibh: occasionally
bród: pride
de dhéanta na fírinne: as a matter of fact
réamheolas: previous knowledge
níl aon teorainn le: there is no no limit to

OBAIR DUITSE
Scríobh giota leanúnach ar cheann amháin de na hábhair seo:
  (1) Leabharlanna
  (2) Is fearr leabhar maith ná an teilifís.

> *Note*
> Use the sample above and relevant vocabulary given under the heading 'Common examination topics' (pages 18–29).

Giota leanúnach: sampla 3
An fharraige

Rugadh cois farraige mise, agus tá grá agam di. Níor mhaith liom bheith i mo chónaí as radharc na mara istigh i lár na tíre. Níl a fhios agam conas a fhulaingíonn daoine é sin. Tá áilleacht ag baint leis an bhfarraige lá ciúin samhraidh, áilleacht nach bhfuil ag baint le haon loch ar domhan.

    Is maith liom an fharraige nuair a bhíonn an ghrian ag dul faoi agus cosán órga idir mise agus bun na spéire. Is maith liom an fharraige nuair a bhíonn an ghealach ag taitneamh istoíche agus ciumhais airgid ar bharr na dtonn. Is minic a luím ar bharr na haille lá samhraidh agus mé ag féachaint uaim i gcéin amach thar imeall an domhain. Ba mhaith liom lá éigin seoladh amach go hoileáin áille na mílte agus na mílte i gcéin.

    Ach cuireann an fharraige eagla orm sa gheimhreadh. Nuair a thagann stoirm mhór agus nuair a bhíonn na tonnta móra feargacha ag bualadh na trá, nuair a bhíonn an talamh ar creathadh faoi mo chosa agus an mhuir ag búiríl ar nós tarbh buile, ansin tagann scanradh ar mo chroí agus tuigim go bhfuilim an-bheag agus lag agus go bhfuil an fharraige mór agus láidir agus baolach.

    Tá meas agam ar an muir, agus ní dhéanaim aon rud amaideach nuair a bhím ag snámh nó ag bádóireacht. Amadáin amháin a dhéanann 'gaisce' ar an bhfarraige—agus is minic a dhíolann siad go daor as. Tá saibhreas san fharraige freisin, agus diaidh ar ndiaidh tá ár muintir ag baint leasa as.

Gluais
áilleacht: beauty
ag dul faoi: setting
bun na spéire: the horizon
ciumhais airgid: a silver border
ar bharr na haille: at the top of the cliff
i gcéin amach: far out
ar creathadh: shaking

ag búiríl: bellowing
buile: mad
baolach: dangerous
gaisce: a heroic deed
diaidh ar ndiaidh: gradually
ag baint leasa as: benefiting from it

Obair duitse
Scríobh giota leanúnach ar cheann amháin de na hábhair seo:
    (1) Aoibhneas na tuaithe
    (2) Tábhacht an uisce i saol an lae inniu
    (3) Ainmhithe
    (4) Sléibhte.

> *Note*
> Use the sample above and relevant vocabulary given under the heading 'Common examination topics' (pages 18–29).

Giota leanúnach: sampla 4
AN CÓRAS OIDEACHAIS

Táim ag druidim faoi láthair le deireadh mo chuid scolaíochta, agus mar sin bím ag smaoineamh go minic ar an saol atá romham. Ní dóigh liom go bhfuil an córas oideachais atá againn in Éirinn ag ullmhú daoine óga na linne seo don saol mór.

Caitheann an dalta meánscoile sé bliana de ghnáth ag ullmhú don Ardteist. Níl an córas a bhaineann leis an scrúdú seo cóir ná ceart. Cad a tharlóidh má bhíonn an dalta breoite agus é ag dul faoi scrúdú? Cad faoin dalta neirbhíseach? Braitheann poist ar thorthaí na hArdteiste, agus braitheann oideachas tríú leibhéil ar na pointí a fhaightear. Níl san Ardteist ach tástáil ar 'eolas leabhar', gan aon bhéim ar phearsantacht an dalta.

Deirtear go bhfuil 'oideachas saor' againn in Éirinn. Is beag tuismitheoir a d'aontódh leis sin. Cad faoi chostas na leabhar, na táillí bus, an éide scoile, agus 'costaisí breise' nach iad? Níl san 'oideachas saor' ach cur i gcéill, cé nach n-admhóidh an Roinn Oideachais é sin. Dar liomsa tá géarghá le leasú ar an gcóras oideachais ó thaobh ábhar de, ó thaobh scrúduithe de, agus ó thaobh costais de.

Is léir go bhfuil sé thar a bheith in am an córas a leasú. Caithfear é a dhéanamh luath nó mall, agus tá súil agam nach mbeidh sé ródhéanach.

Gluais

ag druidim: approaching
ní dóigh liom: I don't think
cóir ná ceart: fair nor just
neirbhbhíseach: nervous
braitheann: depends
eolas leabhar: book-learning
níl aon bhéim: there is no emphasis
pearsantacht: personality

is beag: very few
cur i gcéill: pretence
nach n-admhódh: would not admit
géarghá: urgent need
leasú: amendment
thar a bheith in am: long overdue
luath nó mall: sooner or later

OBAIR DUITSE
Scríobh giota leanúnach ar cheann amháin de na hábhair seo:
  (1) Scrúduithe: na buntáistí agus na míbhuntáistí a bhaineann leo
  (2) Saol an dalta scoile
  (3) Múinteoirí
  (4) Aoibhinn beatha an scoláire.

Note
Use the sample above and relevant vocabulary given under the heading 'Common examination topics' (pages 18–29).

Ceist 1 (B): Scéal

Guidelines
1 The length should be about 150 words.
2 The opening sentence is given to you. It is very important that you keep this in mind when writing the story. Make sure you keep to the point.
3 The past tense is required for this task. (See grammar section, page 157.)
4 Before you begin, make out a plan of the sequence of the events.
5 Certain elements will make up a part of any story. Prepare along the following lines:
   - Cathain a tharla sé?
   - Conas a bhí an aimsir?
   - Críoch láidir (a strong ending).

Note
In the following pages you will find
—notes on the structure of stories with useful
(*a*) introductions
(*b*) endings
—a general vocabulary for stories
—three samples with specific vocabulary
—tasks related to examination material.

Cathain?
- Is cuimhin liom go maith é. Lár an tsamhraidh a bhí ann. Uair an mheán lae a bhí ann, agus bhí mé i m'aonar [*alone*] sa teach. Bhí mo thuismitheoirí as baile don deireadh seachtaine.
- An Mháirt a bhí ann. Bhí sé a hocht a chlog ar maidin, agus bhí gach duine eile sa teach ina chodladh nuair a d'éirigh mé. Bhí laethanta saoire na Nollag ann, agus bhíomar go léir ag tnúth leis [*looking forward to*] an Nollaig.
- Mo lá breithe a bhí ann. Bhí mé ar bís [*excited*]. Ní raibh a fhios agam cad a gheobhainn mar bhronntanas. Bhí mé ag súil le bronntanas ó m'aintín sa phost. Bhí nuacht na maidine ar siúl ar an raidió.
- Ar an Máirt a tharla sé. Bhí mé ag dul ar ais ar scoil an lá sin, mar bhí na laethanta saoire thart. Is dócha nach raibh mé ag tabhairt aire mar ba cheart dom.

An aimsir
- Bhí gaoth láidir ag séideadh agus bhí sé an-dorcha. Bhí sé ag stealladh báistí [*pouring rain*], agus bhí dath liath ar an spéir. Lá fuar garbh a bhí ann gan amhras.
- Ní raibh sé róthe agus ní raibh sé rófhuar. Bhí dath gorm glan ar an spéir, agus bhí an ghrian ag taitneamh. Bhí gaoth bhog ag séideadh isteach ón bhfarraige. Lá aoibhinn a bhí ann gan amhras.

- Oíche álainn a bhí ann. Bhí leoithne gaoithe [*a breeze*] ag séideadh. Bhí gealach lán [*a full moon*] ann, agus ní raibh scamall ar bith le feiceáil sa spéir.
- Lá breá brothallach a bhí ann. Bhí an ghrian ag scoilteadh na gcloch [*splitting the stones*]. Ní raibh oiread is puth gaoithe [*a puff of wind*] ann.
- Bhí sioc trom ar na bóithre. Bhí nimh [*an edge*] sa ghaoth, agus bhí an mhaidin an-fhuar ar fad. Bhí na bóithre sleamhain agus baolach [*dangerous*].

Críoch

- Ní dhéanfaidh mé dearmad go deo ar an lá sin. Tá an scéal seo fíor—creid é nó ná creid!
- Geallaim duit [*I assure you*] gur mé a bhí sásta nuair a bhí an eachtra sin thart. Cuimhneoidh mé ar an lá sin go lá mo bháis.
- Beidh cuimhne agam go deo na ndeor ar an lá sin. 'Ní mar a shíltear a bhítear,' a deir an seanfhocal. Sin mar a bhí an scéal agamsa an lá sin.
- 'Is ait an mac an saol.' Creidim anois go bhfuil sé sin fíor. Sin an ceacht a d'fhoghlaim mé an lá sin.

General vocabulary

Is maith is cuimhin liom	I well remember
ní dhéanfaidh mé dearmad go deo ar an lá sin	I'll never forget that day
is minic a dhúisím in am marbh na hoíche	I often wake up in the dead of night
báite le hallas	bathed in sweat
is iomaí eachtra a tharla dom go dtí seo	I've had many adventures up to now
bhí an t-ádh liom	I was lucky
deir daoine gur ámharach an mac mé	people say I'm a lucky person
bhí rith an ráis liom an lá sin	my luck was in that day
baineadh geit asam	I was startled
buaileadh bob orm	I was tricked
ní raibh aon choinne agam lena leithéid	I wasn't expecting anything like it
tháinig an nóiméad faoi dheireadh	the time came at last
anois an t-am	now is the time
anois nó riamh	now or never
thosaigh mé ag cur allais go tiubh	I started sweating freely
d'iompaigh a lí ann	he paled
robáil le foréigean	robbery with violence
stáisiún na nGardaí	the Garda station
cuireadh ina leith gur ghoid sé an mála	he was accused of stealing the bag
cuireadh i bpríosún é	he was imprisoned
gearradh príosúnacht deich mbliana air	he got ten years' imprisonment
sháraigh sé an dlí	he broke the law

d'fhuadaigh	kidnapped
chuaigh sé trí thine	it caught fire
chuir mé fios ar an mbriogáid dóiteáin	I called the fire brigade
lucht múchta dóiteán	the firefighters
lasracha	flames
deatach	smoke
dréimire	a ladder
píobán uisce	hose
ag stealladh uisce air	pouring water on it
i mbaol a dhóite	in danger of being burned
bhí sé i mbaol a bháite	he was in danger of drowning
thit sé isteach san abhainn	he fell into the river
thit sé thar bord	he fell overboard
tharrtháil sí é	she rescued him
bhí greim an duine bháite aige uirthi	he had a tight grip on her
garda tarrthála	lifeguard
seaicéad tarrthála	life jacket
athmhúscailt anála	artificial respiration
análú tarrthála	kiss of life
baineadh geit asam	I got a fright
bhí mé ar ballchrith le heagla	I was shaking with fear
bhí mo chroí ag dul amach ar mo bhéal	my heart was in my mouth/I was terrified
scread/scréach	scream
ní raibh a fhios agam cad a dhéanfainn	I didn't know what to do
ní raibh a fhios agam cad ba mhaith dom/ ba chóir dom a dhéanamh	I didn't know what I should do
fuadach eitleáin	hijacking
bhí mé i gcruachás/i bponc	I was in a fix
d'éalaigh mé as an áit	I sneaked/escaped out of the place
thug sé na cosa leis	he ran quickly off
ní rachaidh mé ar ais ansin arís	I won't go back there again
bhí an t-ádh ceart liom	I was dead lucky
mise á rá leat/deirimse leat	I'm telling you
ní bréag a rá	it's no lie to say
is maith is cuimhin liom	it's well I remember
ni dhéanfaidh mé dearmad air	I won't forget it
ní ligfeadh an eagla dom	fear wouldn't let me
dúirt mé le mo mháthair	I said to my mother
d'inis mé an scéal do mo mháthair	I told the story to my mother
d'iarr mé ar an bhfear	I asked the man [to do something]
d'fhiafraigh mé den fhear	I asked the man [a question]

Scéal samplach 1

Ceap scéal (leathleathanach nó mar sin) a mbeidh an sliocht seo a leanas oiriúnach mar thús leis: 'Mise a bhí ag tiomáint. Go tobann chonaic mé veain ag teacht i mo threo. Bhí sí ar an taobh mícheart den bhóthar …'

Scéal samplach

Mise a bhí ag tiomáint. Go tobann chonaic mé veain ag teacht i mo threo. Bhí sí ar an taobh mícheart den bhóthar.

Is cuimhin liom go maith é. Lár an tsamhraidh a bhí ann. Uair an mheán lae a bhí ann, agus ní raibh aon duine ach mé féin sa bhaile. Bhí mo thuismitheoirí imithe go dtí an baile mór ag siopadóireacht. Agus céard a rinne mise? Ghoid mé carr mo mháthar!

Lá breá brothallach a bhí ann. Bhí an ghrian ag scoilteadh na gcloch agus na gcarraigeacha. Ní raibh oiread is puth gaoithe ann. Ach ní raibh mise ag smaoineamh ar an aimsir anois!

Chas mé an roth stiúrtha. Bhrúigh mé mo chos ar an gcoscán. Bhí mé ró-mhall! Ní cuimhin liom aon rud a tharla ina dhiaidh sin go dtí gur dhúisigh mé san ospidéal. Bhí mo thuismitheoirí ina suí ag taobh na leapa agus cuma an-bhuartha ar fad orthu. Ní raibh fearg orthu, mar bhí mé gortaithe go dona. Bhí m'aghaidh gearrtha, agus bhí bindealán mór ar mo cheann.

Nuair a tháinig mé abhaile bhí mo thuismitheoirí an-chantalach ar fad. Níor thug siad airgead póca dom go ceann míosa ina dhiaidh sin. Bhí ar mo mháthair airgead mór a íoc as an damáiste a rinne mé don charr agus don veain. Bhí an t-ádh liom nár gortaíodh tiománaí an veain. Bhí an t-ádh liom freisin nár chuir an tiománaí an dlí orm.

Ní dhéanfaidh mé dearmad go deo ar an lá sin. Tá an scéal seo fíor; creid é nó ná creid!

Gluais

go tobann: suddenly
is cuimhin liom go maith: I clearly remember
oiread is puth gaoithe: as much as a breath of wind
roth stiúrtha: steering-wheel
bhrúigh mé: I pressed
coscán: brake
cuma an-bhuartha: a very worried appearance
bindealán: bandage
go ceann míosa: for a month
a íoc: to pay
bhí an t-ádh liom: I was lucky
an dlí: the law

Obair duitse

1. Ceap scéal (leathleathanach nó mar sin) a mbeidh an sliocht seo a leanas oiriúnach mar thús leis: 'Ar mo rothar a bhí mé. Tharraing mé na coscáin. Ní raibh siad ag obair …'
2. Ceap scéal (leathleathanach nó mar sin) a mbeidh an sliocht seo a leanas oiriúnach mar thús leis: 'Chuala mé scréach na gcoscán. Rith mé go dtí an fhuinneog. Bhí radharc uafásach os mo chomhair…'

Scéal samplach 2

Ceap scéal (leathleathanach nó mar sin) a mbeidh an sliocht seo a leanas oiriúnach mar thús leis: 'Bhí an ghaoth ag éirí níos láidre agus bhí scamaill mhóra dhorcha sa spéir …'

Scéal samplach

Bhí an ghaoth ag éirí níos láidre agus bhí scamaill mhóra dhorcha sa spéir.

Is cuimhin liom go maith é. Lár an tsamhraidh a bhí ann. Ní raibh aon duine ag súil le drochaimsir. Uair an mheán oíche a bhí ann, agus ní raibh aon duine ach mé féin sa teach. Bhí mo thuismitheoirí imithe chuig cóisir i dteach éigin.

Bhuamar an corn an lá sin. Ní raibh an aimsir ródhona, ach bhí gaoth láidir ag séideadh i rith an chluiche. D'éirigh an aimsir níos measa sa tráthnóna, áfach; agus anois, i lár na hoíche, bhí eagla an domhain orm mar bhí an stoirm ag éirí an-láidir ar fad. Bhí an bháisteach ag titim go trom.

Go tobann baineadh geit asam. Las an seomra le solas mór. Tintreach a bhí ann! Cúpla soicind ina dhiaidh sin chuala mé an toirneach. Tamaillín ina dhiaidh sin theip ar an leictreachas.

Rith mé isteach sa chistin agus fuair mé coinneal sa tarraiceán. Las mé an choinneal. Ansin shéid gaoth láidir anuas an simléar, agus múchadh an choinneal. Bhí scanradh orm. Rith mé isteach i mo sheomra codlata, agus chuaigh mé i bhfolach faoi éadaí mo leapa. Nuair a dhúisigh mé ar maidin bhí an stoirm thart!

Ní dhéanfaidh mé dearmad go deo ar an oíche sin.

Gluais

uair an mheán oíche: midnight
cóisir: party
corn: cup/trophy
áfach: however
tintreach: lightning
toirneach: thunder

leictreachas: electricity
simléar: chimney
múchadh: was quenched
bhí scanradh orm: I was frightened
chuaigh mé i bhfolach: I hid

Obair duitse

1. Ceap scéal (leathleathanach nó mar sin) a mbeidh an sliocht seo a leanas oiriúnach mar thús leis: 'Faoin am sin bhí mé dhá uair

an chloig ag rámhaíocht. Ach bhí sruth na farraige róláidir dom. Bhraith mé gur amach a bhí an bád ag dul …'

2. Ceap scéal (leathleathanach nó mar sin) a mbeidh an sliocht seo a leanas oiriúnach mar thús leis: 'Bhí mé féin agus mo chara ag campáil. Bhíomar inár luí go breá compordach sa phuball cois trá. Ach bhí imní orainn. Bhí an ghaoth ag éirí níos láidre …'

Scéal samplach 3
Ceap scéal (leathleathanach nó mar sin) a mbeidh an sliocht seo a leanas oiriúnach mar thús leis: 'Bhí mé i mo sheasamh ag cuntar an bhainc le mo mháthair. Go tobann phléasc beirt fhear an doras isteach. Bhí masc ar aghaidh gach duine acu …'

SCÉAL SAMPLACH
Bhí mé i mo sheasamh ag cuntar an bhainc le mo mháthair. Go tobann phléasc beirt fhear an doras isteach. Bhí masc ar aghaidh gach duine acu.

Is cuimhin liom go maith é. Lá breá brothallach a bhí ann. Ní raibh aon chustaiméirí sa bhanc ach mo mháthair agus mé féin.

Bhí gunna láimhe ag duine amháin acu agus bhí raidhfil ag an bhfear eile. Bhí eagla an domhain ar an mbeirt againn, agus luíomar ar an urlár.

Rith an bheirt fhear go dtí an cuntar. 'Airgead! An t-airgead! Tabhair dúinn an t-iomlán!' ar seisean in ard a ghutha.

Bhí eagla an domhain ar an airgeadóir. Thug sí cúpla mála airgid dóibh.

Rug na fir ar na málaí agus amach an doras leo. Níor ghortaigh siad duine ar bith, buíochas le Dia. Bhí carr mór ag fanacht leo taobh amuigh den doras agus fear óg ina shuí ag an roth stiúrtha. D'oscail sé doras an chairr, agus léim an bheirt eile isteach in aice leis. D'imigh siad ar nós na gaoithe sula raibh deis ag na Gardaí breith orthu.

Geallaim duit go raibh mé sásta nuair a bhí an eachtra sin thart. Ní dhéanfaidh mé dearmad go deo ar an lá sin.

Gluais
phléasc: burst	**raidhfil:** rifle	**in ard a ghutha:** at the top of his voice
masc: mask	**an t-iomlán:** the lot	**ar nós na gaoithe:** at full speed

OBAIR DUITSE
1. Ceap scéal (leathleathanach nó mar sin) a mbeidh an sliocht seo a leanas oiriúnach mar thús leis: 'Bhí na gardaí ar an gcrosbhóthar. Bhí siad ag stopadh gach gluaisteán. Go tobann tháinig carr timpeall an chúinne, agus d'ardaigh duine de na gardaí a lámh chun é a stopadh. Ach níor stop an carr …'

2. Ceap scéal (leathleathanach nó mar sin) a mbeidh an sliocht seo a leanas oiriúnach mar thús leis: '"Tá an teach timpeallaithe," arsa na gardaí. "Tagaigí amach, bhur lámha in airde agaibh" …'

> **Note**
> Use the samples and vocabulary in the foregoing tasks.

Ábhair scéalta

(1) Bhí na mílte duine ag an gceolchoirm. Ní raibh slí ar bith fágtha san áit. Go tobann thit an t-ardán as a chéile …

(2) Go tobann chualamar rud éigin ag bualadh go láidir ar an bhfuinneog. Bhíomar scanraithe go mór. D'fhéach mise amach an fhuinneog …

(3) Ar a naoi a chlog chualamar tormáil mhór ar na drumaí. Ansin rith an grúpa amach ar an ardán …

(4) Bhí mé amuigh ag siúl leis an madra. Mhothaigh mé drochbholadh ar an aer. Thosaigh an madra ag tafann. Bhí rud éigin cearr …

(5) Chuaigh mé go dtí an doras agus d'oscail mé é. Bhí beirt ghardaí ann …

(6) Ó mo mhúinteoir a chuala mé faoin gcúrsa sa Ghaeltacht. Thug sí an fhoirm iarratais agus an bróisiúr dom …

(7) Bhí nóiméad amháin fágtha. Bhíomar cúl chun tosaigh ar an bhfoireann eile. Bhí mé an-neirbhíseach …

(8) Bhí cúilín amháin idir na foirne, agus bhí Coláiste Eoin ag buachan orainn …

(9) D'oscail Bríd an litir agus léigh sí í, arís agus arís eile …

(10) Choinnigh an seanfhear cuimhne i gcónaí ar an lá sin, mar rinne an lá sin athrú mór ar a shaol …

(11) Chas an gluaisteán isteach geata mór chlós an tí. Ghluais sé go mall go dtí an doras tosaigh …

(12) Nuair a d'fhéach mé amach an fhuinneog baineadh preab asam. Céard a chonaic mé ach dóiteán mór! …

(13) Luigh Micheál óg siar ar a dhroim agus toitín ina bhéal aige. Dá bhfeicfeadh a mháthair anois é, céard a déarfadh sí? …

(14) 'Ní ghlacfaidh mé leis seo a thuilleadh. Ní fhéadfainn é a fhulaingt,' arsa Máire. Phlab sí an doras ina diaidh, agus amach léi …

(15) Nuair a rug na Gardaí orthu i gcúlghairdín an tí ní raibh dada sna málaí páipéir acu ach éadach salach …

(16) Tháinig an seanfhear i mo threo. Ba mhall an siúl a bhí faoi …

(17) Stop an gluaisteán go tobann. Léim fear amach as, agus as go brách leis trasna na páirce …

(18) Nuair a d'oscail Máire an doras bhí buachaill ó oifig an phoist ina sheasamh lasmuigh. Shín sé teileagram chuici, agus d'imigh sé …

(19) D'fhéach sé tríd an bhfuinneog amach agus chonaic sé gluaisteán na nGardaí ag stopadh os comhair an tí …

(20) Thosaigh sí ag siúl go tapa nuair a chuala sí na coiscéimeanna taobh thiar di …

(21) Chuir sé an eochair sa ghlas. Chas sé go mall réidh í, agus isteach leis sa halla dorcha …

(22) Léim sé den bhus agus é fós ag gluaiseacht. Seo leis trasna na sráide, gan féachaint ar dheis ná ar clé …

(23) Dhúisigh mé go tobann. Bhí duine éigin ag bualadh ar an doras. Bhí sé a dó a chlog ar maidin …

(24) Rith mé isteach sa stáisiún. Bhí an traein díreach ag bogadh léi ón ardán. Rith mé ina diaidh …

(25) Thuirling mé den traein. Bhí mo dheartháir Eoin le bualadh liom, ach ní raibh sé le feiceáil in aon áit …

(26) Bhí a fhios agam go bhfaca mé an fear sin in áit éigin roimhe sin. Thug sé faoi deara mé ag féachaint air. D'iompaigh sé ar a sháil go tobann, agus seo leis síos an tsráid …

Ceist 1 (C): Litir

GUIDELINES
1 Familiarise yourself with the following elements in the *format* of the letter:
 * *seoladh an tseoltóra* (the sender's address)
 * *an dáta* (the date)
 * *beannú oiriúnach* (a suitable greeting)
 * *croí na litreach* (the content of the letter)
 * *críoch oiriúnach* (a suitable ending).
2 The length of the body of the letter (*croí na litreach*) should be about 150 words.
3 In the examination there is a *choice* between
 * *litir phearsanta* (a personal letter)
 and
 * *litir fhoirmiúil* (a formal letter).

> Note
> In the following pages you will find
> —the principal elements of letters, with an essential vocabulary for each element
> —samples showing the format of the letter
> —samples of personal and formal letters, with specific vocabulary
> —tasks related to examination material.

Litir phearsanta (Personal letter)
Points to remember
• This is a letter to a friend, a member of your family, parents, or some other relative.
• The style of this letter will be natural and friendly.

Príomchodanna (Principal elements)

An seoladh (The address)
Here are some examples:

44 Ascaill na gCrann   An Gleann Bán
Baile Átha Cliath 13   Co. Luimnigh

5 Bóthar na Mara   Bóthar Dhroichead na Bandan
Trá Mhór   Baile an Easpaig
Co. Phort Láirge   Corcaigh

An dáta (The date)
The date should be written as in the examples below.

9 Eanáir 2005   31 Nollaig
10 Meitheamh 2007   Dé hAoine 12 Samhain 2006

Míonna na bliana (Months of the year)
Eanáir   Iúil
Feabhra   Lúnasa
Márta   Meán Fómhair
Aibreán   Deireadh Fómhair
Bealtaine   Samhain
Meitheamh   Nollaig

Beannú (Greeting)
Here are some examples to learn:

A Sheáin, a chara,   A mháthair dhil,
A Shiobhán, a chara,   A athair dhil,
A Phádraig, a ghrá,

Páipéar I—Litir

Bhí áthas orm do litir a fháil cúpla lá ó shin.	I was glad to get your letter a few days ago.
Fuair mé do litir Dé hAoine seo caite.	I got your letter last Friday.
Tá brón orm nár scríobh mé níos luaithe.	I'm sorry I didn't write sooner.
Bhí sé ar intinn agam litir a scríobh.	I had intended writing.
Tá súil agam …	I hope …
Táim ag súil le …	I'm expecting …
Táim ag tnúth le …	I'm looking forward to …
Tá súil agam go bhfuil gach rud ar fónamh.	I hope everything is all right.
Tá ag éirí go maith liom.	I'm getting on well.
Tá saol breá againn anseo.	We're having a great time here.
Nach méanar duit!	Isn't it well for you!
Roimh i bhfad/sula i bhfad	Before long
Níl a thuilleadh nuachta agam an babhta seo.	I have no more news this time.
Is fada an lá ó chuala mé uait.	It's a long time since I heard from you.
Bhí áthas orm an dea-scéala a chloisteáil.	I was delighted to hear the good news.
Bhí brón mór orm an drochscéala a chloisteáil.	I was very sorry to hear the bad news.
Tá sé tuillte go maith agat.	You well deserve it.
Go maire tú!	Congratulations!
Is oth liom a rá …	I'm sorry to say …
Tá súil agam go bhfuil tú i mbarr na sláinte.	I hope you are well.
Is maith is cuimhin liom …	It's well I remember …
Caithfidh mé leithscéal a ghabháil leat.	I must apologise to you.
Táim fíorbhuíoch díot.	I'm very grateful to you.
Ní raibh am agam scríobh go dtí seo.	I haven't had time to write until now.
Bhí tráthnóna thar barr agam.	I had a great evening.
Thaitin sé go mór liom.	I enjoyed it greatly.
Bhain an scéal geit asam.	The news gave me a fright.
Níl a thuilleadh le rá agam.	I have no more to say.
Slán go fóill.	Goodbye for the present.
Táim ag súil le litir uait.	I'm expecting a letter from you.
Táim ag tnúth le litir uait.	I'm looking forward to a letter from you.
Bhí gach duine anseo ag cur do thuairisce.	Everyone here was asking for you.
Tá súil agam go bhfeicfidh mé go luath thú.	I hope to see you soon.
Ná déan moill.	Don't delay.

Críoch (Conclusion)

Here are some examples.

Mise do chara, Méabh	Mise do mhac ceanúil, Dónall
Mise do chara buan, Donncha	Mise do nia ceanúil, Séamas
Mise le díograis, Siobhán	Mise do neacht cheanúil, Eibhlín
Mise do dheirfiúr cheanúil, Cáit	

Litreacha samplacha (Sample letters)

Here are two examples of personal letters.

SAMPLA 1

Tá cara leat tinn san ospidéal. Scríobh an litir (leathleathanach nó mar sin) a chuirfeá chuig an gcara sin. (Iar-Ardteist)

Seoladh ⟶ 56 Páirc na Fuinseoige
Baile Átha Cliath 16

Dáta ⟶ 14 Samhain 2005

Beannú ⟶ A Liam, a chara,

Croí na litreach

  Ar maidin is ea a chuala mé ó Dhiarmaid Ó Laoi an drochscéala faoin obráid a rinneadh ort. Conas tá tú anois, a sheanchara? Ghlaoigh mé ar do mháthair ar chloisteáil an scéil dom, agus dúirt sí go raibh an obráid thart agus go raibh tú fós san ospidéal.
  Conas a mhothaíonn tú anois? Is maith is eol dom cé chomh hainnis a bhíonn duine tar éis obráide—is cuimhin leat go raibh mé féin sa chás céanna dhá bhliain ó shin tar éis na timpiste úd! Ach féach go bhfuilim i mbarr mo shláinte arís, a bhuí le Dia, agus sin mar a bheas agatsa i gceann seachtaine eile nó mar sin. Fan go bhfeice tú! Ligfear amach thú sula i bhfad, agus tóg go breá bog é ansin go ceann cúpla seachtain ar a laghad. Ná bí ag imirt peile ná ag sléibhteoireacht go mbeidh tú ar do sheanléim arís!
  Rachainn síos chugat dá bhféadfainn é, ach is beag seans atá agam éalú as an oifig! Níl sé rófhada ó bhí mé ar saoire, agus ní bheidh seans agam lá, ná cuid de lá, a fháil saor faoi láthair. Ní fada

uainn an Nollaig, ámh, agus rachaidh mé síos a luaithe a fhaighim saoire—sin geallúint!
    Idir an dá linn, tabhair aire mhaith duit féin, agus ná bíodh aon ródheabhadh ort ag filleadh ar an obair!

Críoch ⟶ Mise do chara dílis,
Féilim

Stór focal
an drochscéala: the bad news
obráid: operation
is maith is eol dom: I know well
chomh hainnis: how miserable
sa chás céanna: in the same state
i mbarr mo shláinte: in the best of health
sléibhteoireacht: mountaineering
ar do sheanléim: completely recovered
faoi láthair: at present
ámh: however
a luaithe a fhaighim saoire: as soon as I get a holiday
geallúint: a promise
idir an dá linn: in the meantime
aon ródheabhadh: too much of a hurry

Sampla 2
Scríobh litir chuig cara leat ag iarraidh air nó uirthi saoire a chaitheamh i do theach.

Cill Náile
Co. Thiobraid Árann

10 Nollaig 2005

A Pheadair, a chara,

  Is cuimhin leat, ní foláir, gur gheall mé scríobh chugat a luaithe a gheobhainn an chaoi. Bhuel, faoi dheireadh thiar thall táim ag cur leis an ngeallúint! Is fearr go mall ná go brách, deirtear!
  Ar mhaith leat teacht anuas chugainn go ceann cúpla lá le linn shaoire na Nollag? Tá a fhios agam go bhfuil tú gnóthach i mbun staidéir, ach ní mharódh cúpla lá thú! Más maith leat roinnt leabhar a bhreith leat d'fhéadfá píosa oibre a dhéanamh anseo—cé nach molfainn é, mar beidh an teach cuibheasach glórach timpeall an ama sin!

Beidh an teaghlach go léir bailithe anseo: beirt dheartháireacha sa bhaile ón gcoláiste i gCorcaigh, agus Máire ar ais ón nGaillimh, mar a bhfuil sí ina banaltra. Chuirfeadh siad go léir fáilte is fiche romhat, agus dhéanfadh Mam agus Daid an rud céanna.

Bí ag smaoineamh air, cibé scéal é, agus cuir scéala chugam chomh luath agus is féidir.

Tá súil agam go bhfuil biseach ar do mháthair. Chuala mé ó Eibhlín Ní Chaoimh nach raibh sí ar fónamh. Cuir i gcuimhne di mé, agus abair léi go seolaimid go léir anseo dea-mhéin chuici.

Tá ag éirí liom go maith sa phost nua, agus mé ag súil le hardú pá go luath san athbhliain.

Beidh mé ag tnúth le freagra luath uait. Ná caill orm!

Mise do sheanchara,
Brian

Gluais
ní foláir: I suppose
a luaithe: as soon as
an chaoi: the opportunity
faoi dheireadh thiar thall: at long last
is fearr go mall ná go brách: better late than never
gnóthach: busy
cé nach molfainn é: though I wouldn't advise it
glórach: noisy
cibé scéal é: at any rate
biseach: improvement
ar fónamh: well
dea-mhéin: good wishes
ag tnúth le: hoping for, looking forward to
ná caill orm: don't let me down

OBAIR DUITSE
1. Tá tú ar saoire thar lear sa samhradh. Scríobh an litir (leath-leathanach nó mar sin) a chuirfeá chuig cara leat atá sa bhaile in Éirinn. (Iar-Ardteist)

2. Tá cuireadh faighte agat dul chuig cóisir a bheas ag do chara ach ní bheidh ar do chumas bheith ann. Scríobh an litir (leathleathanach nó mar sin) a chuirfeá chuig do chara ag míniú an scéil dó nó di.

> **Note**
> Use the sample letters and vocabulary in the foregoing tasks.

Ábhair litreacha (litreacha pearsanta)

(1) Tá tú i gceantar Gaeltachta ar chúrsa samhraidh. Scríobh an litir a chuirfeá abhaile ag cur síos ar chúrsaí go dtí seo.

(2) Tá tú ar saoire faoin tuath le d'aintín. Scríobh litir chuig do thuismitheoirí ag iarraidh airgid orthu.

(3) Bhuaigh do chara duais míle euro. Scríobh chuige nó chuici ag déanamh comhghairdis leis nó léi.

(4) Scríobh litir chuig cara leat ag cur síos ar chluiche a chonaic tú.

(5) Tá cara leat ag smaoineamh ar an scoil a fhágáil agus post a lorg. Scríobh litir chuige nó chuici ag plé na ceiste.

(6) Chaith tú saoire sa Spáinn an samhradh seo caite. Scríobh litir chuig cara leat ag cur síos uirthi.

(7) Fuair tú post samhraidh in óstán i gContae Chiarraí. Scríobh litir abhaile chuig do dheirfiúr ag cur síos ar an obair.

(8) Scríobh litir chuig do chara pinn ag tabhairt cuireadh dó nó di teacht ar cuairt chugat.

(9) Bhí tú i láthair ag ceolchoirm pop le grúpa mór le rá. Scríobh an litir a chuirfeá chuig cara leat ag cur síos ar an gceolchoirm sin.

(10) Tá tú chun saoire a chaitheamh ag rothaíocht timpeall na tíre. Scríobh litir chuig do chara ag iarraidh air nó uirthi dul leat.

(11) Tá cara leat san ospidéal agus ní bheidh sé nó sí i láthair ag scrúduithe na scoile. Scríobh litir chuige nó chuici ag plé an scéil.

(12) Tá tú ag freastal ar scoil chónaithe le mí anuas, agus ní thaitníonn sí leat. Scríobh an litir a chuirfeá abhaile chuig do thuismitheoirí ag cur síos ar an saol atá agat go dtí seo.

(13) Fuair tú bronntanas Nollag ó aintín leat. Scríobh litir chuici ag gabháil buíochais léi.

(14) Chaith tú saoire thaitneamhach i dteach do charad sa chathair. Scríobh litir chuig a thuismitheoirí ag gabháil buíochais leo.

(15) Tá scrúduithe na hArdteistiméireachta thart faoi dheireadh. Scríobh litir chuig do chara ag cur síos ar na scrúduithe.

(16) Bhuaigh cara leat duais mhór. Scríobh an litir a sheolfá chuige ag déanamh comhghairdis leis.

(17) Tá do chara tar éis a rá leat go bhfuil sí ag cuimhneamh ar an scoil a fhágáil agus post a fháil i Sasana. Scríobh an litir a sheolfá chuige le comhairle a chur air.

(18) Tá sé cloiste agat go mbeidh obair ar fáil do bheirt i dteach ósta i gceantar Gaeltachta i rith an tsamhraidh. Scríobh an litir a sheolfá chuig cara leat chun a fháil amach an raibh aon spéis aige nó aici san obair.

(19) Tá tú ag obair le seachtain anuas i do chéad phost, i bhfad ó bhaile. Scríobh an litir a chuirfeá abhaile chun do mhuintire faoin saol nua atá á chaitheamh agat.

(20) Bhí sé socraithe agat casadh ar chara leat ag cluiche mór sa chathair, ach buaileadh breoite go tobann thú. Scríobh an litir a chuirfeá chuig an gcara sin ag míniú an scéil dó nó di.

(21) Tá cara leat san ospidéal de dheasca timpiste. Níor éirigh leat fós dul ar cuairt ann. Scríobh an litir a chuirfeá chuige nó chuici.

(22) Tá tú san ospidéal tar éis timpiste. Scríobh an litir a sheolfá chuig cara leat ag insint an scéil dó nó di.

(23) Bhuaigh cara leat duais. Scríobh an litir a chuirfeá chuige ag déanamh comhghairdis leis.

(24) Fuair cara leat post an-mhaith. Scríobh litir chuig an gcara sin ag déanamh comhghairdis leis nó léi.

Litir fhoirmiúil (Formal letter)
Points to remember
- This is usually a letter in which you may wish
—to transact some business
—to make a complaint
—to apply for a job
—to make a hotel reservation
—to raise an issue in a newspaper, etc.
- The style of this letter will be formal and will feature
—short sentences
—relevant information only.

Príomhchodanna (Principal elements)
An seoladh
See the examples given for the personal letter.

An dáta (The date)
The date is always written as in these examples:

27 Meán Fómhair 2005
11 Aibreán 2006
4 Bealtaine 2007

Seoladh an tseolaí (The addressee's address)
This is written on the left-hand side (see the sample letters).

Examples:

An Bainisteoir	An tEagarthóir
Óstán na Mara	'Nuacht na Cathrach'
Trá Lí	22 Sráid Uí Chonaill
Co. Chiarraí	Luimneach

Páipéar I—Litir

An Bainisteoir
An Siopa Leabhar
98 Sráid Parnell
Baile Átha Cliath 1

An Bainisteoir Foirne
FBD Tta
Bóthar na hEaglaise
Sligeach

Beannú (Greeting)
Formal letters always begin:
A chara,

Croí na litreach (Content)

Is mian liom gearán a dhéanamh	I wish to complain
Is oth liom a rá	I'm sorry to say
Chuir sé as dom	It upset me
an díobháil a leigheas	to redress the injury
a luaithe a bheas caoi agat	as soon as is convenient
Níl a thuilleadh le rá agam	I have nothing more to say
Beidh mé ag súil le freagra go luath	I expect an early reply
Gabh mo leithscéal as trioblóid a chur ort	I'm sorry to bother you
Is mian liom iarratas a chur isteach ar an bpost	I wish to apply for the job
Bheinn buíoch díot	I would be grateful to you
an litir seo a fhoilsiú	for publishing this letter
Maidir le d'fhógra i nuachtán an lae inniu	With regard to your advertisement in today's paper
airgead ar ais	a refund
Rachaidh mé i gcomhairle le haturnae	I will consult a solicitor
Tá súil agam go bhfaighidh mé sásamh	I hope to get satisfaction
Ba mhaith liom seomra a chur in áirithe	I would like to book a room
lóistín	bed and breakfast
singil	single
dúbailte	double
Tugadh le fios dom	I was given to understand
éarlais	a deposit
Bheinn faoi chomaoin agat	I would be obliged to you
chomh luath agus is féidir	as soon as possible
teistiméireacht	a reference
cáilíochtaí	qualifications
taithí	experience
bhí sé lochtach	It was faulty
é a dheimhniú	to confirm it

Críoch (Conclusion)
A formal letter always ends 'Mise le meas,' followed by your full name.

Mise le meas,
Seán Ó Murchú

Mise le meas,
Máire Ní Laoi

Litreacha samplacha (Sample letters)
Here are two examples of formal letters.

SAMPLA 1
Léigh tú alt sa nuachtán faoi d'áit dhúchais. Chuir an t-alt fearg ort. Scríobh an litir (leathleathanach nó mar sin) a chuirfeá chuig eagarthóir an nuachtáin sin. (Iar-Ardteist)

| Seoladh | → | Cill Mháirtín
Eochaill
Co. Chorcaí |

| Dáta | → | 12 Feabhra 2005 |

| Seoladh an tseolaí | → | An tEagarthóir
'Réalta an Deiscirt'
An Sciobairín
Co. Chorcaí |

| Beannú | → | A chara, |

Croí na litreach:

Táim á scríobh seo chun gearán a dhéanamh faoin droch-phoiblíocht atá á fáil againne sa cheantar seo le breis agus bliain anuas. Agus caithfear a admháil nach bhfuil do nuachtán féin gan locht.

Is ceantar 'nua' é seo, agus tá go leor deacrachtaí ag daoine ag iarraidh feabhas a chur ar ár dtimpeallacht agus ár gclanna a thógáil mar is cóir. Admhaím go bhfuil dream beag óganach inár measc atá dulta ó smacht—ach ní measa Cill Mháirtín ná ceantar ar bith eile sna cúrsaí seo. Tarlaíonn slad agus goid anseo ó am go ham, agus nílimid ag iarraidh na rudaí sin a chosaint. Ach gach uile uair dá dtarlaíonn rud as an tslí is féidir a bheith cinnte go luaitear Cill Mháirtín; agus sin rud nach ndéantar nuair a tharlaíonn

> Páipéar I—Litir

Croí na litreach

bligeardaíocht in áiteanna eile. Is deimhin nach luaitear na ceantair 'ghalánta' ina leithéid de chás.

Tá droch-cháil ar ár gceantar, droch-cháil nach bhfuil tuillte aige. Má théann buachaillí nó cailíní as Cill Mháirtín ag lorg poist, dúntar an doras ina n-aghaidh chomh luath agus a deir siad gur as Cill Mháirtín dóibh. Nach dóigh leat gur éagóir é sin?

Ní luaitear in aon chor suáilcí na háite. Tá cumann breá óige bunaithe againn; tá foirne peile agus iomána agus cispheile againn; tá cumann drámaíochta againn; glacaimid páirt i gComórtas na mBailte Slachtmhara; tá lucht díolta drugaí díbeartha againn. Ar tugadh aon phoiblíocht do na rudaí sin? Ar tugadh aon chreidiúint dúinn dá bharr? Níor tugadh, ná baol air. Ach má ghoidtear carr— bhuel, ansin is 'ógánaigh as Cill Mháirtín' is ciontach!

Níl á lorg againn ach cothrom na Féinne. Seol amach tuairisceoir agus grianghrafadóir chugainn, agus cá bhfios nach bhfaighidís ábhar molta in ionad an lochtú a bhfuilimid go léir anseo bréan de.

Críoch

Mise le meas,
Pádraig de Búrca

Gluais
eagarthóir: editor   **creidiúint:** credit/praise
caithfear a admháil: it must be admitted   **ciontach:** guilty
éagórach: unjust, unfair   **tuairisceoir:** a reporter
suáilcí: virtues   **lochtú:** criticism, fault-finding
díbeartha: expelled   **bréan de:** fed up of

Sampla 2

Fógraíodh post cléirigh in oifig nuachtáin. Scríobh litir (leathleathanach nó mar sin) ag cur isteach ar an bpost sin.

12 Sráid na Scoile
Inis
Co. an Chláir

6 Meitheamh 2005

An Bainisteoir Foirne
ATM Tta
Sráid na Sionainne
Luimneach

A chara,
   Ba mhaith liom cur isteach ar an bpost mar chléireach a fógraíodh in "Nuacht na Cathrach" inné, 5 Meitheamh.

Táim seacht mbliana déag d'aois. D'fhreastail mé ar an Scoil Phobail in Inis, agus faoi láthair tá scrúdú na hArdteistiméireachta á dhéanamh agam. Tá onóracha á ndéanamh agam i dtrí ábhar— Béarla, stair, agus bitheolaíocht—agus pas i nGaeilge, i matamaitic, i gceimic, agus i bhFraincis. Táim ag súil le torthaí maithe.

Chaith mé an samhradh seo caite ag obair in oifig m'uncail anseo in Inis. Aturnae is ea é. An samhradh roimhe sin bhí mé ag obair mar fhreastalaí san Óstán Mór in Inis.

Tá suim agam i ngach sórt spóirt agus sa cheol.

Faoi iamh leis seo tá dhá theistiméireacht. Tá súil agam go nglaofar chun agallaimh mé.

*Mise le meas,
Máire Ní Laoi*

Gluais

cur isteach ar phost: apply for a job
a fógraíodh: that was advertised
faoi láthair: at present
aturnae: solicitor
freastalaí: waiter

faoi iamh: enclosed
teistiméireacht: reference
glaofar chun agallaimh: will be called for interview

OBAIR DUITSE

1. Bhí litir i nuachtán áitiúil ag gearán faoin mbruscar a fhágann daltaí ar an mbóthar taobh amuigh de do scoilse. Scríobh an litir (leathleathanach nó mar sin) a chuirfeá chuig an eagarthóir mar fhreagra ar an litir sin. (Iar-Ardteist)

2. Chonaic tú fógra ar an nuachtán ag lorg daoine óga chun dul isteach sa Gharda Síochána. Scríobh an litir (leathleathanach nó mar sin) a sheolfá ar aghaidh ag lorg eolais faoi na poist.

Note
Use the sample letters and vocabulary from the foregoing tasks.

ÁBHAIR LITREACHA (LITREACHA FOIRMIÚLA)

(1)   Cheannaigh tú péire bróg i siopa mór sa chathair, ach nuair a chuaigh tú abhaile chonaic tú go raibh siad lochtach. Scríobh litir chuig bainisteoir an tsiopa ag déanamh gearáin.

Páipéar I—Litir

(2) Tá sé ar intinn agat saoire choicíse a chaitheamh in óstán cois farraige. Scríobh an litir a chuirfeá chuig bainisteoir an óstáin ag cur seomra in áirithe duit féin agus do chara leat.

(3) Fógraíodh post mar fhreastalaí siopa sa nuachtán inné. Scríobh litir ag cur isteach ar an bpost sin.

(4) Bhí litir sa pháipéar nuachta ag duine áirithe faoi Éireannaigh mar fhir chéile, agus níor aontaigh tú le tuairimí an duine sin. Scríobh litir chuig eagarthóir an nuachtáin ag tabhairt freagra ar na tuairimí sin.

(5) Thaistil tú ar thraein ó Bhaile Átha Cliath go Gaillimh agus ní raibh aon rud ar fáil le hithe ar an traein. Scríobh litir chuig Iarnród Éireann ag gearán faoin scéal.

(6) Bhí béile agat i bproinnteach áit éigin agus bhí tú lánsásta leis. Scríobh litir chuig an mbainisteoir ag tabhairt moladh don phroinnteach.

(7) Chaith tú saoire in óstán in áit éigin agus bhí tú thar a bheith míshásta leis. Scríobh an litir a chuirfeá chuig bainisteoir an óstáin ag gearán faoin scéal.

(8) Tá an teileafón sa bhaile as ord le breis agus seachtain anois. Scríobh litir chuig Telecom Éireann faoin scéal.

(9) Scríobh litir chuig príomhoide na scoile ag iarraidh teistiméireachta air nó uirthi.

(10) Tá áit bainte amach agat san ollscoil chun céim leighis a dhéanamh. Scríobh litir chuig múinteoirí na scoile ag gabháil buíochais leo as ucht na cabhrach a thug siad duit i rith na mblianta.

(11) Ceapann tú go bhfuil an iomarca clár ó Mheiriceá ar an teilifís. Scríobh litir chuig stiúrthóir clár RTE ag déanamh gearáin.

(12) Scríobh litir chuig an Aire Oideachais ag gearán faoin ngearradh siar a rinneadh ar an gcóras oideachais.

(13) Chonaic tú fógra sa nuachtán faoi scéim chun obair a chur ar fáil do dhaoine óga i do cheantar. Scríobh litir ag iarraidh tuilleadh eolais faoin scéim.

(14) Tá an bóthar taobh amuigh de do theach i ndroch-chaoi. Scríobh litir chuig an gcomhairle contae (nó an chomhairle cathrach) ag iarraidh orthu caoi éigin a chur air.

(15) Tá suim agat sa drámaíocht, agus tá cumann drámaíochta le tosú i do cheantar. Scríobh litir chuig rúnaí an chumainn ag rá gur mhaith leat a bheith páirteach ann.

(16) Bhí clár ar an teilifís nár thaitin leat. Scríobh litir chuig RTE ag gearán faoi.

(17) Tá iasacht ag teastáil uait le haghaidh gnó áirithe. Scríobh an litir a sheolfá chuig bainisteoir an bhainc ag lorg na hiasachta seo.

(18) Tá Bord Fáilte ag lorg daoine chun taisteal ar fud Shasana ag iarraidh turasóirí a mhealladh go hÉirinn. Scríobh an litir a sheolfá chuig Bord

Fáilte ag cur isteach ar an bpost sin agus ag míniú cén fáth a gceapann tú go bhfuil tú oiriúnach don phost.

(19) Bhí litir sa pháipéar nuachta an tseachtain seo caite. Meiriceánach a bhí ar cuairt i do cheantar a scríobh an litir, é ag gearán faoi cé chomh costasach is a bhí rudaí in Éirinn. Scríobh an litir a sheolfá chuig an nuachtán mar fhreagra ar a raibh le rá aige.

(20) Fuair tú leabhar scoile tríd an bpost ó shiopa leabhar i mBaile Átha Cliath, ach níorbh é an leabhar ceart é. Scríobh an litir a sheolfá chuig bainisteoir an tsiopa ag gearán faoin scéal.

(21) Tá scéal faighte agat gur éirigh go maith leat i scrúdú na hArd-teistiméireachta. Scríobh an litir a chuirfeá chuig múinteoir a chabhraigh go mór leat agus tú ar scoil.

(22) Bunaíodh club óige i do pharóiste tamall ó shin. Tá tusa i do rúnaí ar an gclub. Scríobh an litir a chuirfeá chuig tuismitheoirí sa pharóiste ag rá go bhfuil súil agat go gcabhróidh siad leis an gclub san obair a bheas ar siúl do na daoine óga.

(23) Tá seanteach stairiúil in aice leat agus tá an chomhairle contae (nó an chomhairle cathrach) chun an teach a leagan mar go dteastaíonn uathu an bóthar mór a dhéanamh níos leithne. Scríobh an litir a chuirfeá chuig an gcomhairle faoin scéal.

(24) Scríobh an litir a chuirfeá chuig príomhoide do scoile ag gabháil buíochais leis nó léi tar éis duit an scoil a fhágáil.

(25) Chuir tú isteach ar phost tamall maith ó shin. Bhí ort clúdach litreach, le do sheoladh agus stampa air, a chur isteach freisin. Ní bhfuair tú freagra ar bith ar d'iarratas fós. Scríobh an litir a chuirfeá chuig an gcomhlacht sin ag déanamh do ghearáin faoin scéal.

Ceist 1 (D): Comhrá

GUIDELINES
1 The length should be about 150 words.
2 A *comhrá* is written in direct speech.
3 It will include the following elements:
   - *tús* (opening)
   - *intriachtaí agus beannachtaí* (interjections and blessings)
   - *tuairimí* (opinions)
   - *croí an chomhrá* (the body of the conversation)
   - *críoch* (conclusion).
4 The situations given in the Leaving Certificate are those that require a natural, informal style.

Príomhchodanna (Principal elements)

Here are the principal elements taken in turn, with a vocabulary for each element.

An tús

To begin a *comhrá*, these words and phrases are essential. Learn them and put them into practice.

Go mbeannaí Dia duit, a Phádraig.
　—Go mbeannaí Dia is Muire duit, a Phóil.
Dia duit, a Mhic Uí Mhurchú.
　—Dia is Muire duit, a Shéamais.
Dé do bheatha, a Aingeal.
　—Go maire tú i bhfad, a Eibhlín.
Cén chaoi a bhfuil tú?/Conas tá tú?/Cad é mar atá tú?
　—Ar fheabhas [*excellent*]./Ní gearánta dom [*I can't complain*]./Nílim ach go measartha [*I'm only fair*]./Ceart go leor [*All right*]. Agus tú féin?
Nach bhfuil sé fuar/te/fliuch/gaofar inniu?
　—Tá, cinnte. Táim préachta/scallta /báite./Dhera, níl sé ródhona [*it's not too bad*].
Ní raibh aon choinne agam bualadh leatsa anseo [*I didn't expect to meet you here*].
　—Bhuel, sin mar a bhíonn [*such is life*]./Castar na daoine ar a chéile [*It's a small world*].
Fáilte romhat, a Ruairí. Tar isteach.
　—Go raibh maith agat./Go maire tú.
Fan liom, a Sheáin!
　—Ó, Dia duit, a Úna! Ní fhaca mé thú.
Cá bhfuil tú ag dul?
　—Cois trá. Céard a dhéanfaidh an aimsir?

Intriachtaí agus beannachtaí (Interjections and blessings)

The following expressions are commonly used in conversation:

Bhuel	Maith thú
Muise	Togha fir/cailín
Féach	Ochón go deo
Éist liom	Dála an scéil [*by the way*]
Dhera	An créatúr bocht
Amadaí [*nonsense*]	Ar ámharaí an domhain
Ar ndóigh [*indeed*]	Mo cheol thú
Dar fia	Éist do bhéal [*shut up*]
Dar m'fhocal	Cogar [*listen*]
Dar an leabhar	A thiarcais
Mo ghraidhin thú	

Go ndéana Dia trócaire air	Go maire tú is go gcaithe tú é
I bhfad uainn an t-olc	Go raibh maith agat
Slán mar a n-insítear é	Bail ó Dhia ar an obair
Go bhfóire Dia orainn	Go méadaí Dia do stór
Go sábhála Dia sinn	Nár agra Dia air é
Beannacht Dé lena anam	Dia sa teach
Nollaig shona duit	Go n-éirí an t-ádh leat
Go mbeirimid beo ar an am seo arís	Go dté tú slán

Tuairimí (Opinions)

Expressing a personal opinion is very important in the *comhrá*. Learn the following expressions for this purpose.

(1) General

is é mo thuairm/is é mo bharúil/ is dóigh liom/ceapaim/measaim/ sílim	I think
is cuimhin liom	I remember
is léir dom	it's clear to me
admhaím	I admit
ní call a rá	it goes without saying
feictear dom/samhlaítear dom	it seems to me
is mór an trua é	it's a great pity
tá súil agam	I hope
nach deas é	isn't it nice
thug mé faoi deara	I noticed
ní háibhéil a rá	it's no exaggeration to say
caithfidh mé a rá	I must say
dar liom	according to me/in my opinion

(2) Agreement

aontaím leat sa mhéid sin/táim ag teacht leat ar an méid sin	I quite agree with you
tá an ceart agat	you're right
chreidfinn é sin	I'd believe that
seans go bhfuil an ceart agat	perhaps you're right
is fíor duit	true for you
táim ar aon intinn ar fad leat	I agree with you entirely
tá go maith	all right

(3) Disagreement

ní aontaím leis sin	I don't agree with that
is deacair é sin a chreidiúint	it's hard to believe that

seans go bhfuil an ceart agat, ach ní dóigh liom é	you may be right, but I doubt it
is maith an scéalaí an aimsir	time will tell
conas a d'fhéadfadh …?	how could …?
a mhalairt ar fad	quite the opposite
ní fíor sin in aon chor	that's not true at all
an bhfuil tú cinnte?	are you sure?
an gceapann tú gur amadán mé?	do you think I'm a fool?
go dtuga Dia ciall duit	may God give you sense
fan go bhfeicfidh tú	wait and see
ar mhiste leat a insint dom …?	would you mind telling me …?
is deacair a rá	it's hard to say
ní bheinn róchinnte de sin	I wouldn't be too sure about that

Croí an chomhrá

Make sure the content is relevant.
Learn the following phrases:

gabh mo leithscéal [*excuse me*]
tá go maith, ach ná tarlaíodh sé arís [*all right, but don't let it happen again*]
níl aon leithscéal agam, is oth liom a rá [*I have no excuse, I'm sorry to say*]
níl a fhios agam ó thalamh an domhain conas a tharla sé [*I've no idea at all how it happened*]
ná tóg ormsa é [*don't blame me*]
trí thimpiste/de thaisme [*by accident*] a tharla sé
sean-leithscéal é sin [*that's an old excuse*]
tá aiféala orm [*I'm sorry*]
scaoilfidh mé leat an babhta seo [*I'll let you off this time*]
ach má bheirim arís ort íocfaidh tú go daor as [*but if I catch you again you'll pay dearly for it*]
dóbair dom é a dhearmad [*I nearly forgot it*]
bhí dul amú orm [*I was mistaken*]
conas a d'éirigh leat? [*how did you get on?*]
céard a d'éirigh duit? [*what happened to you?*]
ná bíodh aon imní ort [*don't be worried*]
nach méanar duit/nach aoibhinn duit [*isn't it well for you*]
ní bhaineann sin liomsa [*that doesn't concern me*]
ná tabhair aon aird air [*don't heed him*]
níl sé ceart ná cóir [*that's not right*]
ort féin an locht [*it's your own fault*]
fág fúmsa é [*leave it to me*]
ná clis orm [*don't let me down*]
más é do thoil é
go raibh maith agat

Críoch an chomhrá (Conclusion)
Some phrases to conclude a *comhrá*:

Caithfidh mé brostú abhaile anois [*I must hurry home now*]
Cén deifir atá ort? [*What hurry are you in?*]
Dúirt mo mháthair liom gan bheith déanach [*not to be late*]
Feicfidh mé thú anocht, mar sin. Ná bí déanach.
Ní bheidh. Abair le do mháthair go raibh mé ag cur a tuairisce [*Tell your mother I was asking for her*]
Beannacht Dé leat.
Go n-éirí an bóthar leat./Go dté tú slán.
Go n-éirí leat./Ádh mór ort.
Slán leat. [To a person going away]
Slán agat. [To a person remaining]
Beidh an bua againn, cinnte. Ná bíodh aon imní ort.
Bhuel, is maith an scéalaí an aimsir. Feicfimid ar an Domhnach.
Nollaig shona duit, a Liam.
Gurab amhlaidh duit [*The same to you*].

Comhráite samplacha (Sample conversations)

Sampla 1

Tá tusa agus buachaill atá in aon rang leat ag caint le chéile ag stad an bhus. Insíonn sé duit gur bhain timpiste do chara libh. Scríobh an comhrá (leath-leathanach nó mar sin) a bheadh eadraibh faoi sin.

Liam: Go mbeannaí Dia duit, a Shinéad. An bhfuil aon scéal agat?
Sinéad: Go mbeannaí Dia is Muire duit, a Liam. Tá scéal agam—drochscéala faoi Phól Ó Broin. Tá sé san ospidéal de dheasca timpiste a tharla dó seachtain ó shin. An ea nár chuala tú scéal ar bith faoi?
Liam: Go sábhála Dia sinn! Níor chuala mé dada. Bhí mé i Londain le breis agus seachtain. Inniu a tháinig mé abhaile. Ach inis dom, cad a d'imigh air, nó an bhfuil sé gortaithe go dona?
Sinéad: Níl sé ródhona anois, buíochas le Dia, ach bhí sé dona go leor cúpla lá ó shin. Bhí sé ag teacht abhaile ón scoil ar a rothar. Bhí sé éirithe dorcha, agus ní raibh solas ar bith aige ar an rothar. Leag gluaisteán é, toisc nach bhfaca an tiománaí é agus é gan solas ar bith.
Liam: Nárbh é an fear amaideach é! Ach cén mhaith bheith ag caint: bímid go léir míchúramach anois agus arís.
Sinéad: Is fíor duit! Ach féach, tá an bus ag teacht. Caithfidh mé imeacht. Táim ag dul ar cuairt chuige anois san ospidéal. Slán agat, a Liam.
Liam: Slán leat, a Shinéad. Abair le Pól go raibh mé ag cur a thuairisce agus go bhfeicfidh mé Dé Máirt é.
Sinéad: Déanfaidh mé sin, cinnte. Slán agat.

Gluais
an bhfuil aon scéal agat?: have you any news?
drochscéala: bad news
de dheasca: as a result of
cad a d'imigh air: what happened to him
cén mhaith bheith ag caint: what's the use in talking?
ag cur a thuairisce: asking for him

Obair duitse
Tá tú tar éis filleadh abhaile ó thuras scoile agus tá tú ag caint le do mháthair faoi. Scríobh an comhrá (leathleathanach nó mar sin) a bheadh eadraibh. (Iar-Ardteist)

Sampla 2
Tháinig tú abhaile le stíl gruaige nár thaitin le d'athair nó le do mháthair. Scríobh an comhrá (leathleathanach nó mar sin) a bhí eadraibh faoin scéal.

Athair: In ainm Dé, céard a tharla duitse?
Mise: Bhí mé ag an mbearbóir.
Athair: Ní dall atá mé in aon chor. Ní bearradh gruaige é sin. Níl ribe fágtha ar do cheann!
Mise: Sin a theastaigh uaim. Bhí mé bréan de bheith ag cur mo chuid gruaige siar ar scoil.
Athair: Tá trua agam do do mhúinteoirí. Folt fada ort lá amháin agus maol an lár dár gcionn!
Mise: Nach maith leat é?
Athair: Ní maith liom é. Ní oireann sé duit.
Mise: Is cuma liom faoi sin. Is maith liom an stíl seo. Tá sí ag na buachaillí go léir.
Athair: I gceann cúpla bliain beidh tú in éad leis na daoine a bhfuil folt gruaige orthu nuair a bheas tusa maol, ar nós d'athar agus do shean-athar. Níl ribe ag ceachtar againn.
Mise: Fan, a Dhaid. Níl deireadh leis fós. Beidh fáinne cluaise agam ag an deireadh seachtaine.
Athair: Níl tú i ndáiríre!
Mise: Tá mé lándáiríre.
Athair: Fan go gcloisfidh do mháthair an scéal sin agus go bhfeicfidh sí do chuid gruaige.
Mise: Á, a Dhaid, dá bhfeicfeá thú féin! Nílim ach ag magadh. Is don dráma scoile an stíl nua. Ní bheidh sé mar seo agam ach go ceann míosa nó mar sin.
Athair: Bhuel, buíochas le Dia nach mbeidh orm é a fhulaingt go ceann i bhfad eile! Inis dom faoin dráma anois.

Mise:	Tá go maith. Agus tá súil agam nach bhfaighidh mé íde béil eile ó Mham nuair a fhillfidh sí!
Athair:	Tá mé ag súil go mór lena haghaidh a fheiceáil nuair a leagfaidh sí súil ort! Beidh scléip againn!

Gluais
bréan de: fed up of
folt fada: long hair
maol: bald
ní oireann sé duit: it doesn't suit you
ceachtar: either
i ndáiríre: serious
íde béil: a telling off
scléip: fun

OBAIR DUITSE
Tá tú ag iarraidh ar d'athair nó ar do mháthair breis airgid phóca a thabhairt duit. Scríobh an comhrá (leathleathanach nó mar sin) a bheadh eadraibh. (Iar-Ardteist)

ÁBHAIR DON CHOMHRÁ
(1) B'fhearr le Dónall freastal ar scoil lae ach b'fhearr le hAisling freastal ar scoil chónaithe. Scríobh an comhrá a d'fhéadfadh a bheith eatarthu, dar leat, ar an ábhar sin.

(2) Tá ar dhaltaí do scoile féin éide scoile a chaitheamh. Tá cara leat ag freastal ar scoil nach bhfuil ar na daltaí éide a chaitheamh inti. Scríobh an comhrá a bheadh eadraibh.

(3) Tá sé cloiste agat go bhfuil do dheartháir nó do dheirfiúr tar éis tosú ar thoitíní a chaitheamh. Tá tú ag iarraidh comhairle a chur air nó uirthi. Scríobh an comhrá a d'fhéadfadh a bheith eadraibh ar an ábhar sin.

(4) Casadh duine ort a bhí tar éis cúpla bliain a chaitheamh i bpríosún. Scríobh an comhrá a d'fhéadfadh a bheith eadraibh faoin tréimhse a chaith sé nó sí ansin.

(5) Theastaigh uait go bhfaigheadh sibh teilifíseán nua sa bhaile, ach b'fhearr le do mháthair gan teilifíseán d'aon sórt a bheith agaibh. Scríobh an comhrá a d'fhéadfadh a bheith idir tú féin agus do mháthair ar an ábhar sin.

(6) Is breá le Stiofán a bheith ag féachaint ar chluichí peile ar an teilifís, ach níl suim ar bith ag Mairéad i gcláir den saghas sin. Scríobh an comhrá a d'fhéadfadh a bheith idir an bheirt acu faoin ábhar sin.

(7) Fuair gaol leat bás thar lear le deireanaí agus d'fhág sé £50,000 agat. Tagann tuairisceoir chun cainte leat faoin scéala. Scríobh an comhrá a d'fhéadfadh a bheith eadraibh faoin scéala sin.

Páipéar I—Comhrá

(8) Chuaigh tusa chuig scannán i bpictiúrlann amháin agus chuaigh do chara chuig scannán i bpictiúrlann eile. Chas sibh le chéile maidin Dé Domhnaigh. Scríobh an comhrá a bhí agaibh faoi na scannáin éagsúla a chonaic sibh.

(9) Bhuail tú le cara a bhí tagtha abhaile ar saoire ó Shasana. Scríobh an comhrá a rinne sibh faoin saol atá á chaitheamh ag an duine sin thall i Sasana.

(10) Chuir Dáithí agus Niamh isteach ar an bpost céanna. Buaileann siad le chéile den chéad uair sa seomra feithimh agus iad beirt ag fanacht le hagallamh. Scríobh an comhrá a tharla eatarthu.

(11) Casadh duine ort a bhí tar éis cúpla bliain a chaitheamh ag obair san Afraic. Bhí sibh ag caint faoin saol sna tíortha sin. Scríobh an comhrá a bhí eadraibh.

(12) Ba mhaith leat páirt a ghlacadh i ndráma scoile, ach níl d'athair nó do mháthair sásta cead a thabhairt duit. Scríobh an comhrá a bheadh eadraibh agus tú ag lorg ceada.

(13) Tagann díoltóir éadaigh chuig do theach ach níl do thuismitheoirí istigh. Tá spéis agat féin i gcuid de na héadaí atá aige agus tosaíonn tú ar mhargáil leis. Scríobh an comhrá a d'fhéadfadh a bheith idir tú féin agus an díoltóir ar an ócáid sin.

(14) Cheannaigh tú péire bróg seachtain ó shin. Anois tá an bonn ag titim de bhróg amháin díobh. Scríobh an comhrá a d'fhéadfadh a bheith agat le bainisteoir an tsiopa tar éis duit na bróga a thabhairt ar ais chuige.

(15) Tá obair bhaile le déanamh agat ach ní go rómhaith a thuigeann tú conas tabhairt fúithi. Cuireann tú glao fóin ar chara leat ag lorg comhairle air ina taobh. Scríobh an comhrá a d'fhéadfadh a bheith eadraibh ar an ócáid sin.

(16) Teastaíonn uait dul chuig dioscó, ach níl fonn ar d'athair nó ar do mháthair cead a thabhairt duit. Scríobh an comhrá a bheadh eadraibh faoin scéal.

(17) Thug tú do rothar ar iasacht do chara leat. Choinneáil sé rófhada é, agus nuair a fuair tú ar ais é bhí sé briste. Scríobh an comhrá a bhí agat leis.

(18) Tá cara agat agus tá sé ar intinn aici dul go Sasana agus post a fháil ann. Scríobh an comhrá a bhí eadraibh faoin rud atá beartaithe aici.

(19) Mharaigh tú madra le do ghluaisrothar. Scríobh an comhrá a bhí idir tú féin agus an bhean ar léi an madra.

(20) Ba mhaith le do chara a bheith ina dhochtúir ach b'fhearr leatsa a bheith i do mhúinteoir. Scríobh an comhrá a bheadh eadraibh.

(21) Tagann uncail leat abhaile ó Mheiriceá. Níor casadh ort é riamh roimhe seo. Scríobh an comhrá a bhíonn eadraibh nuair a chastar ar a chéile sibh den chéad uair.

Ceist 2: Léamhthuiscint

Guidelines
1 Read each passage carefully as often as necessary (twice or three times).
2 Try to pick out the main points. Underlining may help.
3 Remember that this is a comprehension test on the passage as a whole, so it is not necessary to understand every word.
4 Read *all* the questions, and then read over the passage again.
5 Now take the questions individually. Very often there will be more than one point in the answer. Make sure to include all the points.
6 Most of the marks (about 90 per cent) are for your comprehension ability, and therefore sentences or phrases may be taken directly from the passage. It is preferable of course to put your own slant on these (for example, changing the person of the verb).

Note
In the following pages you will find
—two worked examples from past exam papers; study the passages, the questions and the sample answers carefully
—further passages, including some from exam papers, to be dealt with in the same way.

Worked example 1
Iar-Ardteist
Léigh an sliocht seo a leanas agus freagair na ceisteanna *ar fad* a ghabhann leis.

CÓILÍN SEO AGAINNE

1. Rugadh an t-aisteoir Cóilín Séamas Ó Fearghail nó Colin Farrell ar 31 Bealtaine 1976 i gCaisleán Cnucha, Baile Átha Cliath. Ba é an duine ba óige de cheathrar clainne a rugadh d'Éamonn Ó Fearghail agus dá bhean, Rita. Imreoir sacair ab ea Éamonn a bhíodh ag imirt leis an bhfoireann, Fánaithe na Seamróige nó **Shamrock Rovers**. I dtús a óige ba mhaith le Colin a bheith ina pheileadóir cosúil lena athair ach níor thaitin an cleachtadh peile ró-mhór leis! D'fhreastail sé ar scoileanna éagsúla ach d'éirigh sé as an scolaíocht agus chuaigh sé go dtí an Astráil.

2. Nuair a bhí sé san Astráil ghlac sé páirt i ndráma. Thaitin an aisteoireacht chomh mór sin leis go ndúirt sé, "Tá mé chun breis den aisteoireacht seo a dhéanamh nuair a fhillfidh mé ar Éirinn". Chuaigh sé chuig Scoil Aisteoireachta an *Gaiety* ar theacht abhaile dó. Ní raibh sé ach cúpla mí sa scoil sin nuair a roghnaíodh é chun páirt Danny Byrne sa tsraith *Ballykissangel*, a thógáil. "Bhí an tsraith *Ballykissangel* iontach dom," a deir Colin, "mar thug sé seans dom a bheith ag aisteoireacht le cuid mhaith de mhór-aisteoirí na hÉireann agus chomh maith leis sin d'fhoghlaim mé faoi cheird na haisteoireachta." Ansin d'imigh sé go Londain.

3. Is aisteoir mór le rá é Colin anois ach ní cheapann sé féin go bhfuil aon rud speisialta ag baint leis. Deir sé féin go raibh an t-ádh air. "Bhí an t-ádh orm go bhfaca an t-aisteoir Kevin Spacey mé i ndráma a rinne mé i Londain agus gur inis sé

do dhaoine i Los Angeles go raibh mé go maith. Bhí an t-ádh orm freisin nuair a bhuail mé leis an léiritheoir scannán, Joel Schumacher, a thug páirt dom mar shaighdiúir sa scannán, *Tigerland*." Chomh maith leis sin, bhí ar an aisteoir, Ed Norton, éirí as an scannán, *Hart's War*, agus tugadh an pháirt sin do Cholin.

4. Tá deich scannán déanta aige le trí bliana anuas. "Tá siad ag caitheamh airgid liom chun scannán a dhéanamh," ar sé. Chuir an t-aisteoir iomráiteach Al Pacino an chomhairle air gan glacadh ach le scannáin/drámaí a thaitníonn leis. Cé go bhfuil cáil mhór air i Hollywood, tá an-mheas go deo ag Colin ar Éirinn agus ar mhuintir na hÉireann. Nuair a bhíonn am saor aige filleann sé ar a theach sa Bhaile Gaelach. "Táim ábalta dul in áit ar bith ar domhan agus a rá gur Éireannach mé agus is maith liom sin. Is daoine iontach flaithiúil iad na hÉireannaigh. Tá an greann ag baint leo. Ní ghlacann siad go ró-dháiríre leis an saol. Tá sé iontach a bheith i do Éireannach."

(i) Cén post a bhí ag athair Cholin **agus** cén fáth nár thaitin an post sin le Colin (*Alt 1*)? (10 marc)
(ii) Conas atá a fhios againn gur thaitin an aisteoireacht go mór leis nuair a bhí sé san Astráil (*Alt 2*)? (10 marc)
(iii) In *Alt 3* deir sé go raibh "an t-ádh" air. Luaigh **dhá rud** atá san alt sin a thaispeánann go raibh an t-ádh air. (10 marc)
(iv) Cén chomhairle a chuir an t-aisteoir Al Pacino ar Cholin (*Alt 4*)? (10 marc)
(v) "Tá an-mheas go deo ag Colin ar Éirinn agus ar mhuintir na hÉireann" a deirtear in *Alt 4*. Luaigh **dhá rud** atá san alt sin a thaispeánann é sin. (10 marc)

Sample answers

(i) Ba imreoir sacair a athair agus níor thaitin an post sin le Cóilín mar níor thaitin cleachtadh peile leis. (10 marc)
(ii) Mar dúirt sé go raibh sé chun aisteoireacht a dhéanamh tar éis dó filleadh ar Éirinn. (10 marc)
(iii) * Mar chonaic an t-aisteoir Kevin Spacey i ndráma i Londain é, agus dúirt sé le daoine i Los Angeles go raibh Cóilín go maith.
* Mar bhuail sé le Joel Schumacher, an léiritheoir scannán, agus thug Joel páirt dó sa scannán Tigerland. (10 marc)
(iv) Dúirt Pacino leis gan glacadh ach le drámaí agus scannáin a thaitníonn leis. (10 marc)
(v) * Mar tá na hÉireannaigh iontach flaithiúil.
* Mar tá an greann ag baint leis na hÉireannaigh.
* Mar ní ghlacann na hÉireannaigh go ró-dháiríre leis an saol.
* Mar dúirt Cóilín go bhfuil sé iontach bheith i do Éireannach. (10 marc)

NB

You should include any **two** of **four**. It's a very good idea to use bullet points when there is more than one answer required such as at questions (iii) and (iv). This makes it clear to the examiner exactly what your answers are and shows the examiner how intelligent and well organised you are.

Official Dept of Education Marking Scheme
 (i) 2 pieces of information required 5 marks each = 10 marks
 (ii) One piece of information required 10 marks
 (iii) 2 pieces of information required 5 marks each = 10 marks
 (iv) 2 pieces of information required—mar chonaic etc. and agus dúirt sé le daoine etc. 5 marks each = 10 marks
 (v) 2 pieces of information required (any 2 of 4 given). Students should note carefully that they would lose marks for giving too much information. 5 marks each = 10 marks

NB. 0—5 marks can be **deducted from your marks for (i) to (v) above** for **'Gaeilge lochtach'** (faulty or poor Irish).

NB. Marks can also be **deducted** for giving **too much information.** For example if you are asked for **one point** but give **two or more**, and if you are asked for **two points** and give **3 or more**.

WORKED EXAMPLE 2
Iar-Ardteist
Léigh an sliocht seo a leanas agus freagair na ceisteanna ar fad a ghabhann leis.

AMÚ LE HECTOR

1. Tá clú agus cáil bainte amach ag Hector Ó hEochagáin, an fear óg as an Uaimh i gCo. na Mí mar gheall ar na cláir Ghaeilge a bhíonn ar siúl aige ar TG 4. D'fhoghlaim Hector a chuid Gaeilge i Ráth Cairn agus d'fhreastail sé ar an gcoláiste Gaeilge ansin go raibh sé ocht mbliana déag d'aois. Tar éis na hArdteistiméireachta chuaigh sé chuig Coláiste na Tríonóide. D'imigh sé as an ollscoil mar nár thaitin saol na hollscoile leis agus toisc nár éirigh leis sna scrúduithe.

2. Ansin d'imigh sé leis go dtí an Spáinn lena chailín chun Spáinnis a fhoghlaim. D'fhill sise abhaile ach d'fhan Hector ann trí bliana tar éis don chailín bailiú léi! D'fhoghlaim sé an Spáinnis go han-mhaith agus anois tá a chuid Spáinnise chomh maith lena chuid Gaeilge. Chaith sé bliain in Inis Meáin, Árainn, rud a chabhraigh leis chun feabhas a chur ar a chuid Gaeilge.

3. Ag an am sin, níor cheap sé go mbeadh baint ar bith ag an nGaeilge lena chuid oibre ná go mbeadh sé ag déanamh airgid aisti. Ach, tá sé an-bhródúil as an nGaeilge. "Is Éireannach mise. Is maith liom an seannós, an rince, na seiteanna agus an ceol traidisiúnta. Is breá liom an Ghaeilge. Mura bhfuil do theanga agat, níl aon rud agat!" a deir Hector. Tá sé an-dóchasach faoin nGaeilge. "Tá ag éirí leis an nGaeilge mar tá i bhfad níos mó daoine sásta í a labhairt anois ná mar a bhí."

4. Is beag cúinne den domhan nach bhfuil siúlta aige. Bíonn go leor oibre le déanamh chun na cláir Amú i Meiriceá, Amú san Eoraip, Amú san Áis, agus Amú Amigos a dhéanamh. Tá trí chathair is daichead feicthe aige de bharr na gclár sin. Tá trí eitilt is fiche déanta aige do chlár na bliana seo amháin. Tá dhá cheann is seachtó déanta i rith na tréimhse atá caite aige ag obair ar na cláir. Ní fheictear ar an teilifís an taighde agus an obair phleanála a theastaíonn chun a leithéid de thaisteal a dhéanamh taobh istigh de thrí mhí gach bliain. Bíonn cuma ar na cláir go

	dtarlaíonn rudaí de thimpiste ach bíonn gach rud pleanáilte roimh ré!	bhain úsáid as an nGaeilge a mhealladh chun féachaint ar a chlár féin agus ar TG 4. Bíonn
5.	Is rud tábhachtach é do Hector go mbeadh daoine nach labhraíonn Gaeilge ag féachaint ar a chláir chomh maith le daoine a bhfuil Gaeilge acu. Tá obair mhór ar siúl ag Hector ar son na Gaeilge. Éiríonn leis daoine nár	sult agus spraoi ag baint lena chláir Ghaeilge. Rudaí nua-aimseartha a bhíonn sna cláir aige agus éiríonn leis daoine óga a mhealladh chun taitneamh a bhaint as an nGaeilge dá bharr.

(i) Cén fáth ar imigh Hector as an ollscoil (*an chéad alt*)? Luaigh **dhá** fháth.
(10 marc)
(ii) Conas a chabhraigh an bhliain a chaith sé in Inis Meáin leis (*an dara halt*)? (10 marc)
(iii) "Tá ag éirí leis an nGaeilge" a deir sé sa *trúú halt*. Cén fáth a ndeir sé é sin? (10 marc)
(iv) "Bíonn go leor oibre le déanamh chun na cláir a dhéanamh" a deirtear sa *cheathrú halt*. Luaigh **dhá** rud sa cheathrú halt a thaispeánann é sin.
(10 marc)
(v) Luaigh **rud amháin** atá sa *chúigiú halt* a thaispeánann go bhfuil 'obair mhór ar siúl ag Hector ar son na Gaeilge'. (10 marc)

Sample answers

(i) * Mar nár mhaith leis saol na hollscoile. (10 marc)
* Mar nár éirigh go maith leis sna scrúduithe.
(ii) Chabhraigh an t-am a chaith sé in Inis Meáin leis feabhas a chur ar a chuid Gaeilge. (10 marc)
(iii) Mar ceapann Hector go bhfuil níos mó daoine sásta Gaeilge a labhairt sa lá atá inniu ann. (10 marc)
(iv) * Tá trí chathair agus dhá scór feicthe ag Hector.
* Tá fiche trí eitilt déanta ag Hector ar son clár na bliana seo.
* Tá seachtó dó eitilt déanta aige do na cláir uilig. (10 marc)

NB. Any **two** of the above three answers would get full marks but do **note** that you would **lose marks** for giving all **three points**.

(v) * Meallann sé daoine chun féachaint ar TG4 agus ar a chlár féin nár bhain úsáid as an nGaeilge. (10 marc)
* Mar go mbíonn sult agus spraoi ag baint leis na cláir Ghaeilge a dhéanann Hector.
* Meallann sé daoine óga chun sult a bhaint as an nGaeilge leis na rudaí nua-aimseartha a bhíonn aige sna cláir.

NB. Any **one** of the above three points would get full marks but do **note** that you would **lose marks** for giving **two or more points.**

NB. 0—5 marks can be **deducted from your marks for (i) to (v) above** for '**Gaeilge lochtach**' (faulty or poor Irish).

Gay Byrne: A ÓIGE

1. Tá Gay Byrne ar dhuine de na craoltóirí is mó a chuaigh i bhfeidhm ar mhuintir na nÉireann le daichead bliain anuas. Phós a thuismitheoirí, Edward agus Anne, i mBéal Feirste sa bhliain 1916. Bhí Edward ina shaighdiúir in arm Shasana. Bhí air filleadh ar an gCéad Chogadh Domhanda tar éis dóibh pósadh. Nuair a d'fhill Edward ar an gcogadh, rinne Anne margadh (socrú) le Dia. Ba é an margadh a rinne sí ná dá dtiocfadh Edward ar ais slán sábháilte chuici go rachadh sí chuig an Aifreann gach maidin an chuid eile dá saol. 'Tháinig sé slán agus choinnigh sí an margadh', a deir Gay.

2. Ag obair le comhlacht Arthur Guinness a bhí a athair. Thagadh sé abhaile lena phá gach seachtain, shíneadh chuig Anne é agus thugadh sí roinnt ar ais dó. Bhásaigh a athair nuair a bhí Gay fós ar scoil. D'athraigh bás a athar saol Ghay ar fad. 'Murach bás m'athar', ar sé, 'tá seans ann go rachainn chuig an ollscoil'. Ach bhí a fhios aige go gcaithfeadh sé dul ag obair. Thosaigh sé ag obair le comhlacht árachais.

3. Ba é Gay an duine b'óige den chlann agus bhí cónaí ar an gclann i dteach i Sráid Rialto a raibh dhá sheomra thuas staighre agus dhá sheomra thíos staighre ann agus leithreas taobh amuigh. Is cuimhin le Gay tréimhsí fada a chaitheamh timpeall ar Shráid Rialto agus gan tada le déanamh acu mar nach ndeachaigh siad in aon áit. 'Caithfidh tú cuimhneamh air', a deir sé, 'nach raibh gluaisteán, ná airgead, ná teileafón againn.'

4. Gach maidin, ar feadh ceithre bliana, théadh Gay chuig an scoil agus faitíos an domhain air mar bhí a fhios aige 'go mbuailfí go dona é an lá sin'. Stop an bualadh seo nuair a bhí sé séu bliain. Bhí an Bráthair Liam Ó Laoghaire ann an bhliain sin. 'Bhí sé go hálainn', a deir sé, 'níor bhuail sé aon duine riamh. Ní raibh le déanamh aige ach féachaint ort os cionn a chuid spéaclaí agus ba leor sin chun smacht a choinneáil ar an rang'. Tá meas ag Gay ar an oideachas sármhaith a fuair sé ó na Bráithre Críostaí.

5. Ba í a mháthair an duine ba mhó a chuaigh i bhfeidhm ar Ghay. 'Bean bheag chliste shláintiúil ba ea í. Bhí ardmhianta aici dúinn ar fad, 'ar sé. Thuig sí chomh tábhachtach agus a bhí an t-oideachas agus ba mhaith léi go n-éireodh thar cionn leo. Spreag sí Gay chun a bheith ar an gcraoltóir ab fhearr dá dhfaca an tír seo riamh. Nuair a bhásaigh sí Oíche Nollag 1963 ní raibh a shaol in RTÉ ach ag tosú.

(i) Cén margadh (socrú) a rinne Anne, máthair Ghay, le Dia (*Alt 1*)?
(10 marc)
(ii) Conas a d'athraigh bás a athar saol Ghay ar fad (*Alt 2*)? (10 marc)
(iii) In *Alt 3* deirtear go raibh 'cónaí ar an gclann i dteach i Sráid Rialto'. Luaigh **dhá rud** atá san alt sin faoin saol a bhí acu i Sráid Rialto.
(10 marc)
(iv) Cén fáth ar thaitin an Bráthair Liam Ó Laoghaire leis, dar leat (*Alt 4*)? (10 marc)
(v) 'Ba í a mháthair an duine ba mhó a chuaigh i bhfeidhm ar Ghay' a deirtear in *Alt 5*. Luaigh **dhá rud** faoi mháthair Ghay atá in Alt 5.
(10 marc)

(Iar-Ardteist)

Staid Nua Pháirc an Chrócaigh

1. Tá cáil mhór ar Pháirc an Chrócaigh mar gheall ar na cluichí peile, iománaíochta, camógaíochta agus liathróid láimhe a bhíonn ar siúl ann. Ach cad a bheidh ar siúl sa staid iontach seo Dé Sathairn an 21 lá de Mheitheamh? Beidh oscailt oifigiúil na gCluichí Oilimpeacha Speisialta 2003 ar siúl, áit a mbeidh 80,000 duine i láthair. Seo é an chéad uair do na cluichí seo a bheidh ar siúl taobh amuigh de Stáit Aontaithe Mheiriceá. 7,000 lúthchleasaí speisialta as 166 tír a bheidh páirteach sna Cluichí Oilimpeacha Speisialta.

2. Beidh na milliúin ag féachaint ar an oscailt oifigiúil ar an teilifís agus feicfidh siad an staid iontach nua-aimseartha atá tógtha i bPáirc an Chrócaigh. Ach ní mar sin a bhí sé i gcónaí. Ráschúrsa a bhí ann ar dtús. Cheannaigh Cumann Lúthchleas Gael an áit i 1913 agus gan ann ach dhá ardán bheaga. Úsáideadh an brúscar a bhí fágtha i Sráid Uí Chonaill tar éis Éirí Amach 1916 chun Cnoc 16 a thógáil i 1917. Scaip scéal mór ar fud an domhain i mí na Samhna 1920, nuair a mharaigh na Dúchrónaigh (saighdiúirí Briotanacha) 13 duine a bhí i láthair ag cluiche peile idir Baile Átha Cliath agus Tiobraid Árann i bPáirc an Chrócaigh. Duine acu sin a maraíodh ba ea Mícheál Ó hÓgáin. Tógadh dhá ardán ina dhiaidh sin, Ardán Uí Ógáin agus Ardán Uí Chíosóig.

3. Idir 1928 agus 1932 bhíodh na Cluichí Tailteann ar siúl ann. Bhíodh fiorne as tíortha eile an domhain ag teacht chugainn ... Ceanada, an Nua Shéalainn, agus an Afraic Theas ina measc. Ná ceap gur cluichí Gaelacha amháin a bhí / a bhíonn ar siúl i bPáirc an Chrócaigh. I 1953 imríodh Peil Mheiriceánach ann. Ó am go chéile bíonn ceolchoirmeacha ar siúl ann ag réaltaí ceoil cosúil le Tina Turner, Neil Diamond, Garth Brooks, Elton John agus Billy Joel. I samhradh 1974 bhí comórtas dornálaíochta ann idir Muhammed Ali, curadh an domhain agus Al 'Blue' Lewis. Bhuaigh Ali an troid, ar ndóigh!

4. Deich mbliana ó shin dúradh gur cheart staid nua-aimseartha a thógáil. Osclaíodh Ardán nua Uí Chíosóig i 1998 agus osclaíodh Ardán nua Uí Ógáin an bhliain seo caite. Tógadh seomraí nua nó 'boscaí speisialta' a bhíonn in úsáid nuair a bhíonn cluichí móra ar siúl. Glacann na comhlachtaí móra ar cíos iad agus bíonn béilí blasta ar fáil agus radharc acu ag an am céanna ar na cluichí thíos fúthu. Chomh maith leis sin tá áiseanna iontacha ann le haghaidh cruinnithe agus taispeántas de gach sórt. 97 seomra nua cruinnithe atá ann agus gach áis nua-aimseartha iontu. Is féidir le breis agus 1000 duine freastal ar chruinniú i halla galánta faoi Ardán Uí Ógáin.

(i) Cad a bheidh ar siúl i bPáirc an Chrócaigh ar an 21ú lá de Mheitheamh 2003 (*an chéad alt*)? (10 marc)

(ii) 'Ní mar sin a bhí sé i gcónaí' a deirtear sa *dara halt* faoi Pháirc an Chrócaigh. Cad a bhí ann ar dtús? (10 marc)

(iii) Deirtear sa *dara halt* gur scaip scéal mór ar fud an domhain i 1920. Cén scéal mór atá i gceist? (10 marc)

(iv) 'Ná ceap gur cluichí Gaelacha amháin a bhí / a bhíonn ar siúl i bPáirc an Chrócaigh' a deirtear sa *trúú halt*. Luaigh dhá rud *eile* san alt sin a bhí nó a bhíonn ar siúl ann. (10 marc)

(v) Luaigh dhá rud nua atá luaite sa *cheathrú halt* atá tógtha i bPáirc an Chrócaigh le deich mbliana anuas. (10 marc)

(Iar-Ardteist)

FIONNUALA: RÉALTA HOLLYWOOD

1. Tá eolas ag aos óg na hÉireann ar an aisteoir, **Fionnuala Flanagan**, mar gur ghlac sí páirt sa scannán *The Others* in éineacht le **Nicole Kidman**. Ach b'fhéidir nach bhfuil a fhios acu go bhfuil Gaeilge líofa ag Fionnuala agus go ndéanann sí iarracht a cuid Gaeilge a labhairt go rialta. Nuair a thagann sí abhaile go hÉirinn as Los Angeles, an chéad rud a dhéanann sí nuair a bhailíonn sí a carr in aerfort Bhaile Átha Cliath ná Raidió na Gaeltachta a chur ar siúl mar go gcabhraíonn RnaG léi smacht a choimeád ar a cuid Gaeilge.

2. Rugadh Fionnuala i mBaile Átha Cliath. Cé nach raibh Gaeilge ag a tuismitheoirí chreid said go láidir sa ráiteas *Tír gan teanga, Tír gan anam*. Ó tharla go raibh suim acu sa Ghaeilge chuir said Fionnuala chuig scoil lánGhaeilge. Ansin sheol said chun na Gaeltachta í nuair a bhí sí óg, áit ar fhan sí le muintir Choincheanainn ar an Spidéal. 'Ba shin iad na laethanta ba dheise de mo shaol. Tá mé fíorbhuíoch de mo thuismitheoirí mar gur thug said seans dom cónaí sa Ghaeltacht ar feadh tamaill. Bhain mé taitneamh as litríocht na Gaeilge a léamh ón am sin amach agus chabhraigh sé liom muintir na Gaeltachta a thuiscint,' a deir sí.

3. Thaitin an ealaín agus an scríbhneoir **James Joyce** go mór lena tuismitheoirí agus bhíodh Fionnuala i láthair ag drámaí go minic. 'Thit mé i ngrá le saol na haisteoireachta agus bhí a fhios agam nach raibh uaim ach an aisteoireacht.' D'fhreastail sí ar scoil na haisteoireachta in *Amharclann na Mainistreach* agus ar an stáitse san amharclann is mó a bhíodh sí ag aisteoireacht. Bhí suim aici i James Joyce freisin agus ghlac sí páirt sa scannán *Ulysses* agus sna drámaí *James Joyce's Women* agus *Ulysses in Night-town*. 'Bhí páirt Mholly Bloom agam sa dráma *Ulysses in Night-town*, dráma a bhain *Duais Tony* amach ar Bhroadway i Nua-Eabhrac agus a chuir ar an stáitse idirnáisiúnta mé den chéad uair.'

4. Bhí Fionnuala an-sásta páirt a ghlacadh sa scannán *The Others* nuair a fuair sí amach go raibh **Alejandro Amenábar** á léiriú. Chabhraigh an léiritheoir óg cumasach go mór léi agus mhínigh sé cúlra an scéil di roimh ré. 'Nuair a scríobh Amenábar an scéal don scannán seo, bhunaigh sé an scéal ar bhrionglóid uafásach a bhí aige nuair a bhí sé óg agus ar na hoícheanta a chaith sé ina aonar ina sheomra codlata agus é scanraithe roimh an dorchadas.'

(i) Cén fáth a gcuireann Fionnuala Raidió na Gaeltachta (RnaG) ar siúl nuair a bhailíonn sí a carr in aerfort Bhaile Átha Cliath (*Alt 1*)? (10 marc)

(ii) Luaigh **dhá rud** a rinne a tuismitheoirí le Fionnuala 'ó tharla go raibh suim acu sa Ghaeilge' (*Alt 2*). (10 marc)

(iii) Cad 'a chuir ar an stáitse <u>idirnáisiúnta</u> í den chéad uair' (*Alt 3*)? (10 marc)

(iv) In *Alt 4* deir sí go raibh sí an-sásta páirt a ghlacadh sa scannán *The Others*. Cén uair a bhí sí sásta an pháirt sin a ghlacadh? (10 marc)

(v) Nuair a scríobh Alejandro Amenábar an scéal don scannán *The Others*, bhunaigh sé an scéal ar dhá rud. Cad iad an **dá rud** sin (*Alt 4*)? (10 marc)

(Iar-Ardteist)

An tÁdh Dearg

1. Thart ar 3,000 duine a maraíodh sa **Dá Thúr** i Nua-Eabhrac nuair a bhuail dhá eitleán fúthu ar 11 Meán Fómhair 2001. Ó tharla go mbíodh 40,000 duine ag obair iontu gach lá, caithfidh sé go raibh an t-ádh dearg ar go leor daoine. Bhain an t-ádh sin le **Patti Storer.** Aeróstach í Patti nach raibh sa phost sin ach cúig lá. Fuair Aerlíne Phatti amach an mhaidin sin go raibh duine de na haeróstaigh tinn agus ghlaoigh siad ar Phatti agus ar aeróstach eile, cara léi, chuig an aerfort chun freastal ar Eitilt AA11 ó Bhoston go Los Angeles.

2. Shroich a cara an t-aerfort cúpla nóiméad roimh Phatti agus ba í a cara a roghnaigh an Aerlíne chun dul ar Eitilt AA11. Ní fheicfeadh Patti arís í. 'Ní raibh idir Patti agus an bás ach cúpla nóiméad,' a deir máthair Phatti. As Ros Muc do mháthair Phatti, **Eibhlín Ní Dhomhnaill**, agus ba í a thiomáin Patti chuig an stáisiún traenach an mhaidin sin. Nuair a d'fhill Eibhlín abhaile chuir sí an teilifís ar siúl. Chonaic sí Eitilt AA11 ag bualadh faoin Túr ó Thuaidh. Ba bheag nár thit an t-anam as Eibhlín mar bhí sí cinnte go raibh a hiníon ar an eitilt thubaisteach sin. Níos deireanaí sa lá chuala sí go raibh Patti slán sábháilte.

3. Bhain an t-ádh céanna le **Peadar Ó Cadhla** as Tairbeart, Co. Chiarraí agus lena nia, **Pádraig Ó Donnabháin**. Deartháir é Peadar don **Seanadóir Dan Kiely**. Ag obair mar chomhairleoir airgid ar an 55ú urlár sa Túr ó Dheas a bhí Peadar an lá sin. Ní raibh a fhios aige go raibh Pádraig ag siúinéireacht ar an 85ú urlár san fhoirgneamh céanna. 'Chuala mé torann ollmhór. Shíl mé go raibh buama tar éis pléascadh agus rith mé go dtí an fhuinneog. Bhí deatach agus smionagar gach áit', a deir Peadar. Níor thug sé aird ar bith ar an moladh a bhí ag teacht ón gcóras poiblí fuaime a dúirt leo fanacht san fhoirgneamh. Rith sé síos na staighrí chomh tapa agus a bhí sé in ann.

4. D'éirigh leis dul amach ar an tsráid. Nuair a bhí sé ag stánadh aníos ar an tine sa Túr ó Thuaidh, go tobann, chonaic sé lasracha móra tine eile. An dara heitleán a bhí tar éis bualadh in aghaidh an Túir ó Dheas, an áit a raibh sé féin cúpla nóiméad roimhe. 'Bhí sé cosúil le hIfreann', a deir sé. Rith sé ar cosa in airde. Fear eile a bhí ag rith go tapa ag an am sin ná Pádraig. Anuas leis na staighrí. 'Chualamar pléasc an-mhór. Thosaigh an foirgneamh ag crith agus thit daoine ar na staighrí. Cheap mé ag an am nach mbeinn ábalta an foirgneamh a fhágáil mar bhí go leor seandaoine sa bhealach orm agus bhí daoine laga ag stopadh ró-mhinic,' a deir Pádraig. Ach d'éirigh leis éalú.

5. Is iomaí créatúr eile nach raibh chomh hádhúil sin, faraor.

Gluais:
aeróstach = duine a bhíonn ag freastal ar phaisinéirí in eitleán

---

(i) Deirtear *sa chéad Alt* gur ghlaoigh an Aerlíne ar Phatti agus ar a cara an mhaidin sin. Cén fáth? (10 marc)

(ii) 'Ba í a cara a roghnaigh an Aerlíne chun dul ar Eitilt AA11', a deirtear sa *dara hAlt*. Conas a tharla sé gurbh í cara Phatti a roghnaigh siad? (10 marc)

(iii) 'Ba bheag nár thit an t-anam as Eibhlín' a deirtear sa *dara hAlt*. Cén fáth? (10 marc)

(iv) Luaigh **dhá rud** faoi Pheadar Ó Cadhla atá sa *tríú hAlt* faoi. (10 marc)

(v) Cén fáth ar cheap Pádraig Ó Donnabháin nach mbeadh sé ábalta an foirgneamh a fhágáil (*an ceathrú hAlt*)? (**Dhá rud** atá i gceist) (10 marc)

(Iar-Ardteist)

Laoch na Gaeltachta

1. Duine de na laochra spóirt a bhí ag iomaíocht sna Cluichí Oilimpeacha i Sydney 2000 ba ea Éadaoin Ní Challaráin. Ghlac sí páirt sa chomórtas curachadóireachta (kayakadóireachta) i bPenrith, 30 míle ó Sydney. Is í an chéad bhean í as Gaeltacht Chonamara a ghlac páirt mar iomaitheoir sna Cluichí Oilimpeacha agus tá muintir Chonamara agus muintir na nGaeltachtaí ar fad an-bhródúil aisti. Níor bhuaigh Éadaoin bonn ar bith san Astráil ach níor chuir sé sin isteach ar na sluaite a tháinig amach oíche Dé Céadaoin seo caite chun fáilte abhaile a chur roimpi.

2. Cé go raibh an aimsir an-dona i gConamara an oíche sin, tháinig na céadta duine amach chun an meas atá acu ar Éadaoin a thaispeáint. Bhí tinte cnámh ar lasadh acu ó Ghaillimh go dtí an Spidéal. Labhair Éadaoin leis an slua a bhí bailithe sa Spidéal. 'Tá mé fíorbhuíoch de na daoine ar fad atá i láthair, de na daoine a chuir litreacha agus cártaí sa phost chugam agus de na daoine a chuir teachtaireachtaí chugam ar an ríomhphost nuair a bhí mé i Sydney,' a dúirt sí. 'Chuir an méid litreacha a fuair mé sa phost agus na sluaite as Éirinn a tháinig ag breathnú orm ag iomaíocht i bPenrith ionadh an domhain ar na hiomaitheoirí eile a bhí sa chomórtas curachadóireachta.'

3. Labhair Seán Bán Breathnach ó *Raidió na Gaeltachta* leis an slua freisin. 'Nuair a chonaic muintir Chonamara deich mbliana ó shin í ar thrá an Spidéil agus maide rámha ina lámha aici, níor smaoinigh said riamh go mbeadh an cailín óg seo ina laoch Oilimpeach taobh istigh de chúpla bliain,' a dúirt sé. Dúirt sé gur ambasadóir spóirt iontach í Éadaoin mar go bhfuil sí sásta i gcónaí labhairt le hiriseoirí agus le lucht teilifíse agus raidió as gach tír ar domhan agus go labhraíonn sí leo go cumasach i nGaeilge agus i mBéarla.

4. Tar éis na hArdteistiméireachta chuaigh Éadaoin chuig Ollscoil na Gaillimhe chun cúrsa leighis a dhéanamh. Tharla cúpla rud san ollscoil a mhéadaigh ar a suim sa churachadóireacht. San ollscoil, chuir sí aithne ar dhaoine a raibh baint acu leis an spórt seo agus thug said cabhair di. Ghlac sí páirt i gcomórtais éagsúla idir ollscoileanna. Spreag na comórtais Éadaoin chun feabhas a chur as a scileanna mar churachadóir. Thosaigh sí ag traenáil go dian. Níorbh fhada gur léirigh sí go raibh cumas thar an ngnáth aici sa spórt seo. Dhá bhliain ó shin d'éirigh go han-mhaith léi i gCraobh an Domhain sa Spáinn. Cé nár éirigh léi bonn a fháil i Sydney 2000 is cinnte nach bhfuil deireadh cloiste again faoin mbean chumasach Ghaeltachta seo.

Gluais: curachadóireacht = kayakadóireacht = an spórt sa phictiúr thuas.

(i) Cén fáth a bhfuil muintir Chonamara an-bhródúil as Éadaoin (*Alt 1*)? (10 marc)

(ii) Luaigh **rud amháin** a rinne siad <u>an oíche sin</u> chun an meas atá acu ar Éadaoin a thaispeáint (*Alt 2*). (10 marc)

(iii) In *Alt 2* deirtear go raibh 'ionadh an domhain ar na hiomaitheoirí eile a bhí sa chomórtas'. Cén **dá rud** a chuir ionadh an domhain orthu? (10 marc)

(iv) In *Alt 3* dúirt Seán Bán Breathnach 'gur ambasadóir spóirt iontach í Éadaoin'. Cén fáth a ndúirt sé é sin? (10 marc)

(v) 'Tharla cúpla rud san ollscoil a mhéadaigh ar a suim sa churachadóireacht,' a deirtear in *Alt 4*. Luaigh **dhá rud** a tharla a mhéadaigh ar a suim sa spórt seo. (10 marc)

(Iar-Ardteist)

Bart Simpson: 40 bliain d'aois!

1. Tá cáil mhór ar Bhart Simpson. Tá Bart chomh cáiliúil sin go bhfuil sé ainmnithe ag Time Magazine *i measc an 100 duine is cáiliúla sa 20ú aois*. Bíonn ceist faoi Bhart ar beagnach gach seó ceistiúcháin ar an teilifís. Ach níl mórán eolais ag daoine ar an aisteoir a dhéanann glór Bhart, ámh. Bhí ar an lucht féachana ar an gclár, Who wants to be a Millionaire? teacht i gcabhair ar iarrthóir agus a insint dó gurb í Nancy Cartwright, bean atá 40 bliain d'aois, a dhéanann glór Bhart.

2. Nuair nach raibh Nancy ach ina déagóir in Ohio chuir sí glaoch ar Daws Butler i Hollywood, an fear a rinne glór Yogi Bear sna cartúin. Chuir sé glaoch ar ais uirthi agus thug sé gach cabhair agus treoir di faoi obair na gcartún. 'Ba é an rud a rinne Daws Butler an rud is tábhachtaí a tharla dom riamh i mo shaoi,' a deir sí. Dúirt Nancy go ndearna sí triail do pháirt Lisa Simpson, an iníon, i dtosach ach nuair a léigh sí na rudaí a bhí sa script faoi Bhart dúirt sí gurb é páirt Bhart an ceann ab fhearr léi.

3. 'Is iomaí cartún a rinneadh i Meiriceá roimhe seo, cosúil leis na *Flintstones* agus na *Jetsons*, ach rinne na Simpsons rud amháin nach ndearna siadsan. Thosaigh na Simpsons ag magadh faoi rudaí a bhí ag tarlú i Meiriceá ag an am. Bímid ag magagh faoin stair, faoi pholaiteoirí cáiliúla agus faoi cheoltóirí clúiteacha. Déarfainn go mbaineann muintir na hÉireann agus na hEorpa taitneamh as an gclár toisc go bhfeiceann said Meiriceánaigh ag magadh fúthu féin agus faoi réaltaí cáiliúla a bhíonn ar an gclár. Bhí U2 páirteach i gclár i mbliana ach ní fheicfidh sibhse é go dtí an bhliain seo chugainn. Ní féidir liom cuimhniú ar cad a bhí ar siúl acu ar an gclár sin. Ní raibh mé i láthair an lá sin!' ar sí.

4. Tionscal an-mhór é na Simpsons. Teastaíonn suas le 33,000 pictiúir lámhphéinteáilte in aghaidh gach cláir ach is sa Chóiré a dhéantar na pictiúir a phéinteáil mar go bhfuil sé ró-chostasach iad a dhéanamh i Meiriceá. Tháinig athrú ar mhuintir Simpson le blianta beaga anuas. 'Níl Homer, an t-athair, chomh mór sin as a mheabhair agus níl Marge, an mháthair, chomh hóinsiúil agus a bhí. Tá Lisa níos cliste agus tá suim aici sa rud atá ceart. Agus Bart, bhuel, tá seisean beagáinín níos deise, bhuel, beagáinín!' a deir Nancy.

5. Réalta cháiliúil agus shaibhir í Nancy Cartwright de bharr Bhart Simpson agus tá sí buíoch de Bhart mar gheall air.

(i) 'Tá cáil mhór ar Bhart Simpson' a deirtear sa *chéad alt*. Luaigh **dhá rud** atá san alt sin a thaispeánann go bhfuil sé cáiliúil. (10 marc)

(ii) 'Ba é an rud a rinne Daws Butler an rud is tábhachtaí a tharla dom riamh i mo shaol,' a deir Nancy sa *dara halt*. Cad a rinne Daws Butler do Nancy? (10 marc)

(iii) Deirtear sa *tríú halt* go ndearna na Simpsons rud amháin nach ndearna na cartúin eile. Cad é an rud sin? (10 marc)

(iv) Cén fáth a ndéantar na pictiúir don chlár seo sa Chóiré (*an ceathrú halt*)? (10 marc)

(v) 'Tháinig athrú ar mhuintir Simpson le blianta beaga anuas', a deirtear sa *cheathrú halt*. Cad iad na hathruithe a tháinig ar **bheirt** de mhuintir Simpson le blianta beaga anuas? (10 marc)

(Iar-Ardteist)

IOMÁNAÍ/PEILEADÓIR NA LINNE

1. Nuair a fuair **Jack Lynch** bás anuraidh labhair go leor daoine faoi chomh maith agus a bhí sé mar pholaiteoir agus mar Thaoiseach. I gCorcaigh, bhí ardmheas freisin air mar iománaí agus mar pheileadóir. Bhain Jack cáil mhór amach sna 1940í mar bhuaigh sé cúig bhonn san iomáint agus bonn amháin sa pheil sna cluichí ceannais i gCraobh na hÉireann a imríodh idir 1941 agus 1946. Ach, tá réalta eile spóirt ag muintir Chorcaí atá go maith ag an iomáint agus ag an bpeil agus nach bhfuil ach 23 bliain d'aois, **Seán Óg Ó hAilpín**.

2. As contae Fhear Manach d'athair Sheáin Óig a d'imigh go dtí an Astráil chun obair a fháil. Bhuail sé lena bhean, **Emile**, i Rotuma, ceann d'oileáin Fhidsí, agus phós siad. Rugadh Seán Óg i bhFidsí agus d'fhan an chlann ansin go raibh sé ceithre bliana d'aois. 'Tá cuimhne mhaith agam ar an áit inar rugadh mé. Is cuimhin liom an teach, a bhí suite in aice le trá álainn. Bhí bananaí ag fás ar na crainn. Ní raibh orainn dul go dtí an tollmhargadh in aon chor. Bhí sé cosúil leis na 'Flaithis' ach ní dóigh liom go mbeidh tóir ag turasóirí air mar níl ann ach spota beag ar an mapa!'

3. Ina dhiaidh sin d'aistrigh an teaghlach go Sydney na hAstráile. Is cuimhin leis a athair agus é ina shuí an-déanach san oíche ag éisteacht le cluichí ceannais ar an raidió ag teacht ó Pháirc an Chrócaigh. 'Is cuimhin liom, i 1983, a bheith ag féachaint ar chluiche ceannais iontach san iomáint idir Corcaigh agus Cill Chainnigh agus m'athair ag rá liom, "Féach air seo, seo é an cluiche is fearr ar fad". Tar éis an cluiche sin a fheiceáil chuir mé suim mhór san iomáint.'

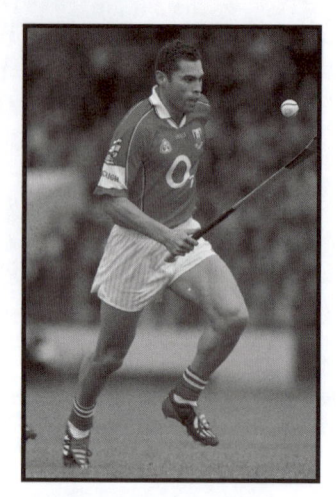

4. I 1988, d'fhill muintir Ailpín ar Éirinn. Roghnaigh an t-athair Corcaigh, mar ba mhaith leis cónaí in áit a raibh na cluichí Gaelacha agus an Ghaeilge go láidir ann. D'fhreastail Seán Óg ar mheánscoil na Mainistreach Thuaidh, áit a ndearna sé staidéar ar na hábhair ar fad trí Ghaeilge. Sa bhaile, labhraíonn na hAilpínigh Gaeilge, Fidsíoch agus Béarla. D'fhoghlaim Seán Óg na scileanna peile agus iomána lena chlub, na Piarsaigh. 'Is í an iomáint mo chéad rogha,' a deir sé, 'mar thaitin sí go mór liom ón tús. Chomh maith leis sin bhí orm níos mó traenála a dhéanamh san iomáint ná sa pheil chun í a fhoghlaim i gceart.'

5. I 1999, bhuaigh Seán Óg bonn sa chluiche ceannais san iomáint, ach níor éirigh leis sa pheil. Ar ndóigh, tá sé óg fós. Cá bhfios nach mbeidh sé ina Thaoiseach lá éigin!

(i) Conas a bhain Jack Lynch cáil mhór amach sna 1940í? (10 marc)

(ii) 'Tá cuimhne mhaith agam ar an áit inar rugadh mé,' a deir Seán Óg in Alt 2. Luaigh dhá rud faoin áit inar rugadh é. (10 marc)

(iii) In Alt 3 deir Seán Óg gur chuir sé suim mhór san iomáint. Cad a mhúscail a shuim san iomáint? (10 marc)

(iv) Cén fáth ar roghnaigh athair Sheáin Óig Corcaigh mar áit chónaithe nuair a d'fhill an teaghlach ar Éirinn (Alt 4)? (10 marc)

(v) 'Is í an iomáint mo chéad rogha,' a deir Seán Óg in Alt 4. Cén fáth a ndúirt sé é sin? Tá dhá fháth leis. (10 marc)

(Iar-Ardteist)

BEAN IONTACH

1. Is iontach an bhean í **Bríd Uí Dhireáin**. Tá 105 bliain slánaithe aici. Nuair a bhí sí 103 bliain d'aois scríobh sí an leabhar A Woman of Aran, faoina saol féin. Le déanaí, bhronn Ollscoil na Gaillimhe céim M.A. uirthi, agus ó tharla gurb í Bríd an céimí is sine ar domhan tá a hainm luaite sa Guinness Book of Records. Faoi láthair, tá sí i dteach banaltrais i nGaillimh, ach an lá cheana d'fhill sí abhaile go hÁrainn ar eitleán. Seans maith gurb í an t-eitleoir is sine ar domhan freisin í!

2. Bhí baint aici féin freisin le stair na hÉireann. 'An lá seo bhí mé tí **Mháirtín Uí Choncheanainn** in Eoghanacht, Árainn. Bhí na tuismitheoirí imithe go Cill Rónáin nuair a tháinig na fir seo isteach. Bhí **Pádraig Mac Piarais** agus **Éamonn Ceannt** ina measc. Bhí a fhios agam go raibh baint acu le hÓglaigh na hÉireann. Nuair a bhí mé ag tabhairt an tae dóibh bhí na fir ag caint i mBéarla sa chaoi nach mbeadh mise ábalta iad a thuiscint. Níor thuig siad go raibh Béarla chomh maith le Gaeilge agamsa. Lig mise orm féin nach raibh a fhios agam cad a bhí á rá acu agus chuala mé cad a bhí pleanáilte acu d'Éirí Amach 1916.'

3. I 1918, chuaigh sí isteach i gCumann na mBan. Rinne Bríd cúrsa traenála mar bhanaltra in Ospidéal Ultáin i mBaile Átha Cliath. Ag an am sin bhí ar bhanaltraí cuairt a thabhairt ar othair ina gcuid tithe. Oíche amháin thug sí cuairt ar bhean a bhí ag súil le páiste. Bhí litir á léamh ag Bríd a chuir gaol léi as Árainn chuici nuair a bhris saighdiúirí Shasana isteach sa teach. Eolas faoi na rudaí a bhí ar siúl ag Óglaigh na hÉireann in aghaidh na Sasanach in Árainn a bhí sa litir. Chaith Bríd an litir sa tine. Dúirt siad go maróidís í, ach chaith siad isteach i bpríosún Mhuinseo í. Chuaigh sí ar stailc ocrais ann agus scaoileadh saor í ina dhiaidh sin.

4. D'imigh sí go Meiriceá i 1927, áit ar chaith sí 39 bliain. Is i mBoston a chaith sí an chuid is mó den am, agus bhí meas mór ag Bríd ar **Chlann Uí Chinnéide** ann. Chuaigh sí thart ag lorg vótaí do **John Fitzgerald Kennedy** nuair a bhí toghchán na hUachtaránachta i Meiriceá ar siúl i 1960. Tháinig Bríd abhaile go hÉirinn i 1972. Thug **Jean Kennedy Smith** cuairt uirthi nuair a bhí sí ina hAmbasadóir as Meiriceá go hÉirinn. Scríobhann an Seanadóir **Ted Kennedy** anall chuici go minic. Bhuail sí le **Hilary Clinton** i nGaillimh le déanaí, agus thug sise moladh mór do Bhríd san óráid a thug sí ann.

Gluais:
Óglaigh na hÉireann: daoine a throid chun Éire a shaoradh
Cumann na mBan: mná a throid chun Éire a shaoradh

(i) 'Is iontach an bhean í Bríd Uí Dhireáin,' a deirtear sa chéad alt. Luaigh dhá chúis, dar leat, a bhfuil sí 'iontach'. (10 marc)
(ii) Deirtear sa dara halt go raibh 'na fir ag caint i mBéarla'. Cén fáth gur i mBéarla a bhí na fir seo ag caint? (10 marc)
(iii) Cad a bhí sa litir atá luaite sa tríú halt a bhí á léamh ag Bríd? (10 marc)
(iv) Deirtear sa cheathrú halt go raibh meas mór ag Bríd ar chlann Uí Chinnéide. Cad a rinne Bríd a thaispeáin go raibh meas mór aici orthu? (10 marc)
(v) Tabhair dhá shampla as an gceathrú halt a thaispeánann go bhfuil meas ag na Meiriceánaigh ar Bhríd. (10 marc)

(Iar-Ardteist)

Rós an Iarthair

Aithníonn cuid mhór de mhuintir na hEireann an t-ainm **Luzveminda Ní Shúilleabháin**, mar gur bhuaigh sí coróin Rós Thrá Lí anuraidh. Nuair a d'fhág sí an ollscoil i mBaile Átha Cliath an samhradh seo caite le dul abhaile go Caisleán an Bharraigh, ní raibh sí ag smaoineamh ar chor ar bith ar chomórtas Rós Thrá Lí. Ba é a hathair a chonaic an fhoirm iarratais don chomórtas, agus d'fhiafraigh sé di an mbeadh sí sásta cur isteach ar an gcomórtas sin.

Nuair a bhuaigh sí an comórtas agus nuair a bhí cumann carthanachta á roghnú aici, bhí tionchar ag a máthair ar an rogha a rinne sí. 'Tá *Trócaire* i mbun oibre sna hOileáin Fhilipíneacha, agus ó tharla gurbh as na hOileáin Fhilipíneacha mo mháthair, bheartaigh mé go mba mhaith an rud é cúnamh a thabhairt do *Trócaire*,' a deir Luzveminda.

Fuair a máthair bás sa bhliain 1987. Sa bhliain 1988 thug a hathair an chlann ar cuairt chuig na hOileáin Fhilipíneacha. 'Cheap go leor daoine go raibh sé glan as a mheabhair cúigear páistí an-óg a thabhairt leath bealaigh timpeall an domhain,' a deir Luzveminda, 'ach mheas seisean go raibh an ceart aige é sin a dhéanamh. Ba mhór an tairbhe a bhain mé as bualadh le gaolta mo mháthar agus as áit dhúchais mo mháthar a fheiceáil.' Tá sé beartaithe acu cuairt eile a thabhairt ar na hOileáin Fhilipíneacha de bharr gur tugadh turas saor in aisce dóibh nuair a ghlac Luzveminda páirt sa *Late Late Show* ar RTÉ anuraidh.

Tá Luzveminda an-bhródúil as a hathair. 'Thóg sé cúigear páistí an-óg gan mórán cúnaimh. D'oibrigh sé le Bord na Móna, agus bhíodh sealanna oibre an-fhada aige. Seachtain amháin rachadh sé ag obair ar a ceathair a chlog ar maidin agus d'fhilleadh sé ar a trí a chlog san iarnóin. Uaireanta eile d'fhilleadh sé ar a haon déag a chlog san oíche. Bhíodh orainn sinn féin a réiteach i gcomhair na scoile, agus an dinnéar a ullmhú go minic freisin. Nuair a bhí mé trí bliana déag d'aois ghlac mé féin agus deirfiúr liom cúraimí an tí orainn féin.'

Tá sé soiléir go ndeachaigh bás a máthar agus cúraimí an tí, agus í chomh hóg sin, i bhfeidhm go mór ar an dearcadh daingean atá ag Luzveminda ar an saol. Tá sé beartaithe aici filleadh ar an ollscoil chun an bhliain dheireanach dá cúrsa eolaíochta a dhéanamh.

(i) Conas a tharla sé gur chuir Luzveminda isteach ar an gcomórtas?
(10 marc)
(ii) Cén fáth ar roghnaigh sí Trócaire? (10 marc)
(iii) Cad a chuaigh chun tairbhe di sa bhliain 1988? (10 marc)
(iv) Cén fáth a bhfuil cuairt eile beartaithe ag muintir Shúilleabháin?
(10 marc)
(v) '. . . ghlac mé féin agus deirfiúr liom cúraimí an tí orainn féin.' Cad iad an dá shampla de na cúraimí tí sin a luann Luzveminda? (10 marc)

(Iar-Ardteist)

Tríocha Bliain ar an Aer

Sa bhliain 1969, craoladh clár nua ar Raidió Éireann darbh ainm '*Pop-cheol na Máirte*'. Ba é **Seán Bán Breatnach** (nó **SBB**) a bhí á chur i láthair. Rud nua ba ea é clár pop-cheoil a bheith á chraoladh i nGaeilge. Ní gnáthchlár a bhí ann ar chúis eile freisin. Faoi mar a mhíníonn Seán féin, ba é sin an chéad chlár ar Raidió Éireann nach raibh script ag dul leis. Go dtí sin bhíodh gach rud a déarfadh craoltóirí ar an aer scríofa amach acu roimh ré.

Cuireadh Raidió na Gaeltachta ar bun i 1972, agus an bhliain ina dhiaidh sin bhí a chlár féin ag Seán Bán air. '*SBB: A Cheirníní agus A Chairde*' an t-ainm a bhí ar an gclár sin. 'Bhíodh thart ar 500 iarratas againn do gach clár díobh,' a deir Seán. 'B'iontach an rud é sin, mar clár ba ea é ar stáisiún nua a bhí ag craoladh go hiomlán i nGaeilge.'

I 1976, theastaigh ó RTE clár nua teilifíse do dhaoine óga a chur ar fáil i nGaeilge. Theastaigh duine an-speisialta chun an clár sin a chur i láthair. Cainteoir líofa Gaeilge le pearsantacht tharraingteach a thuig meon daoine óga a bhí ag teastáil. Ba léir go raibh na buanna sin ag Seán Bán. Ceapadh é ina láithreoir ar an gclár nua, '*SBB ina Shuí*' agus d'éirigh thar barr leis an gclár. I measc na ndaoine a bhí ag Seán ar an gclár sin bhí *Foster and Allen*, beirt a bhain cáil idirnáisiúnta amach ina dhiaidh sin. Cúis bhróid ag Seán gur trína chlár féin a chuir a lán de mhuintir na hÉireann aithne ar dtús ar an mbeirt sin.

Cé go raibh baint ag Seán Bán le go leor clár raidió agus teilifíse le tríocha bliain anuas, is mar chraoltóir spóirt ar Raidió na Gaeltachta is fearr atá aithne air.

Cé go bhfuil sé an-dílis go deo do Raidió na Gaeltachta, ní aontaíonn sé le stiúrthóirí an stáisiúin faoi gach rud. Níl cead amhráin i mBéarla a chraoladh ar an stáisiún sin. Níl mórán céille, dar leis, leis an riail sin. 'Ba mhaith liomsa,' a deir sé, 'go mbeadh clár cosúil le *Top Twenty* againn idir a hocht agus a deich a chlog san oíche ar an sceideal nua. Ach, faraor, ní bheidh sé ann.'

(i) Ní 'gnáthclár' a bhí in 'Popcheol na Máirte' ar dhá chúis. Cad iad an dá chúis sin? (10 marc)
(ii) Cad é an rud iontach, dar le Seán, a bhain leis an gclár a luaitear sa dara halt? (10 marc)
(iii) 'Ba léir go raibh na buanna sin ag Seán Bán.' Luaigh dhá cheann de na buanna atá i gceist. (10 marc)
(iv) Cén fáth a bhfuil bród ar Sheán faoin mbaint a bhí aige le Foster and Allen? (10 marc)
(v) Cad é an dearcadh atá ag Seán Bán ar an riail atá ag Raidió na Gaeltachta faoi amhráin i mBéarla? (10 marc)

(Iar-Ardteist)

Imirceach Nár Thréig a Dhúchas

Tá leacht cuimhneacháin ar Broadway a bhfuil inscríbhinn air i nGaeilge, i Laidin agus i mBéarla in onóir do **Liam Mac Cnáimhín** (William McNevin 1763—1841). Láimh le hEachroim i gContae na Gaillimhe a rugadh é; i stair Mheiriceá tá cáil air i gcúrsaí eolaíochta. Ach an bhfuil dearmad déanta ag Éirinn air, an fear seo a bhí ar choiste ceannais na nÉireannach Aontaithe? Ceithre throigh is tríocha ar airde atá an leacht (sa phictiúr), agus is ábhar bróid ag Éireannaigh i Nua-Eabhrac é le fada an lá. Ina cheantar dúchais, áfach, go bhfios dom, níl ainm Mhic Chnáimhín le feiceáil go poiblí ar aon chomhartha eolais.

Bhain daoine de shinsir Mhic Chnáimhín céimíocht amach ar mhór-roinn na hEorpa i gcúrsaí míleata agus i gcúrsaí léinn. Rinne sé féin imirce go dtí an mhór-roinn. Thug sé aghaidh ar Phrág, mar a raibh uncail leis i ngceannas ar dhámh an leighis san ollscoil agus ina phríomhdhochtúir ag an mbanríon, Maria Theresa. Ghnóthaigh Mac Cnáimhín céimeanna eolaíochta, leighis agus teangacha, agus chaith sé tréimhse i Vín le traenáil mhíleata — éacht oibre d'fhear chomh hóg leis. Nuair a d'fhill sé ar Éirinn, chuaigh sé i mbun oibre mar dhochtúir i mBaile Átha Cliath. Ach má ba thréan glaoch na heolaíochta agus na dochtúireachta air, ba threise fós air glaoch eile.

Ba é mian a chroí bheith páirteach sa réabhlóid chun an tír a fhuascailt ó dhaorsmacht. Tháinig an lá tubaisteach i Márta na bliana 1798 nuair a gabhadh é féin agus ceannairí eile na nÉireannach Aontaithe i mBaile Átha Cliath. Sa tréimhse sin bhí dlúthbhaint agus comhoibriú aige le **Thomas Addis Emmet**. D'oibrigh siad le chéile ar choiste stiúrtha na nÉireannach Aontaithe; chaith siad bliain i bpríosún Chill Mhaighneann agus trí bliana i bpríosún in Albain; i bPáras dóibh tar éis iad a scaoileadh saor, rinne siad comhiarracht cabhair mhíleata a eagrú sa Fhrainc; faoi dheireadh, chinn siad ar imirce a dhéanamh go Nua-Eabhrac.

Bhí Mac Cnáimhín ag déanamh ar an leathchéad nuair a thosaigh an tréimhse dá shaol inar bhain sé cáil amach mar eolaí. Fuair sé post mar ollamh Ceimice in Ollscoil Nua-Eabhrac. Chomh maith lena chuid scríbhinní eolaíochta, d'fhoilsigh sé roinnt dréachtaí faoi stair na hÉireann. Bliain sula bhfuair sé bás ceapadh é ina phríomhdhochtúir i stát Nua-Eabhrac. D'ainneoin a chuid saothair i gcúrsaí eolaíochta leighis, choinnigh sé oifig d'Éireannaigh i Nua-Eabhrac chun cabhrú leo fostaíocht a fháil.

(i) Cad atá i gceist ag an scríbhneoir nuair a fhiafraíonn sé '*an bhfuil dearmad déanta ag Éirinn air*'? (10 marc)

(ii) Cén sampla a thugtar sa sliocht den '*chéimíocht*' a bhain sinsir Mhic Chnáimhín amach? (10 marc)

(iii) Cad é an '*glaoch eile*' a bhí ar Mhac Cnáimhín? (10 marc)

(iv) Cén comhoibriú a bhí idir Mac Cnáimhín agus Emmet? (10 marc)

(v) Conas a thaispeáin Mac Cnáimhín le linn dó bheith i Meiriceá nár thréig sé a dhúchas? (10 marc)

(Iar-Ardteist)

Míolta Móra

Meán Fómhair seo caite caitheadh i dtír ar thrá in Órán Mór i gCuan na Gaillimhe míol mór (sa phictiúr) den chineál a dtugtar caisealóid air. Bhí an t-ainmhí ollmhór seo 40 troigh ar fad; measadh go raibh meáchan 20 tonna ann. Nuair a tháinig innealtóirí ón gComhairle Chontae chun an cúrsa a phlé, ba é cinneadh a rinne siad an conablach a dhó ar an láthair sin. Níorbh fhurasta é a aistriú ón áit; dá gcuirfí i dtalamh san áit sin é, bheadh baol go dtarlódh truailliú. Mar sin de, clúdaíodh an conablach le cornáin féir agus le boinn rotha, croitheadh díosal air agus cuireadh lasóg leis.

Níl a fhios go cinnte cén fáth a mbíonn caisealóidí agus míolta móra eile le fáil ina luí marbh ar thránna. Mheas daoine in Órán Mór gurbh amhlaidh a chuaigh an chaisealóid ar seachrán. An córas muir-eolais a cheaptar atá ag na míolta móra, meastar go dteipeann sé orthu uaireanta. Is dóichí, b'fhéidir, go n-iompraíonn tonnta tréana farraige rófhada i dtreo an chladaigh iad nuair a bhíonn siad sa tóir ar scoileanna éisc in uisce tanaí.

Bíonn ar na míolta móra go léir teacht go barr an uisce lena scamhóga a líonadh d'aer. Is í an chaisealóid an tumadóir is fearr orthu ar fad. Bíonn uirthi scíth fhada a thógáil ar bharr an uisce tar éis tumadh fada domhain a dhéanamh. Tugann sé sin deis níos fearr don lucht seilge an chaisealóid a mharú. Sa naoú haois déag bhí éileamh ar dhá tháirge uaithi, an ola agus an fheoil. San aois seo, baintear úsáid speisialta as an ola le haghaidh spás-roicéad agus as táirge eile a fhaightear sa chaisealóid le cumhrán a dhéanamh.

Nuair a tosaíodh ar úsáid a bhaint as an ngunna harpúin, bhí na sealgairí in ann na míolta móra is tapúla a mharú. Tosaíodh freisin ar longa monarchan a úsáid lena bpróiseáil amuigh ar an bhfarraige. Sa deireadh, bhí an oiread sin míolta móra á marú gurbh éigean coimisiún idirnáisiúnta a chur ar bun chun an marú a rialú. Ach tá na míolta móra i gcontúirt fós, ní amháin ó na modhanna nua seo, ach ó thruailliú na farraige agus ó na grampair a mharaíonn míolta móra eile. Tá an míol mór gorm, an t-ainmhí is mó dár mhair riamh, i gcontúirt dul in éag. Ba thrua dá gcuirfí deireadh le haon chineál de na hainmhithe seo a bhíonn ag taisteal fharraigí an domhain.

(i) Cad iad na roghanna a bhí ag na hinnealtóirí in Órán Mór? (10 marc)
(ii) Cad é an fáth is mó, dar leis an scríbhneoir, a mbíonn míolta móra le fáil ina luí marbh ar thránna? (10 marc)
(iii) Cén fath ar fusa an chaisealóid a sheilg ná na míolta móra eile? (10 marc)
(iv) Cén úsáid speisialta a bhaintear as táirgí ón gcaisealóid san aois seo? (10 marc)
(v) Cad iad '*na modhanna nua*' atá i gceist san alt deireanach den sliocht? (10 marc)

(Iar-Ardteist)

Léigh an sliocht seo a leanas agus freagair na ceisteanna *ar fad* a ghabhann leis.

Sláinte na nGael á hól ó Mhoscó go Milan

Ón mbliain seo beidh iomaíocht mhór ag Guinness i ngnó na dtithe tábhairne thar lear. Is sa Ghearmáin, san Iodáil agus sa Fhrainc is mó atá na tábhairní Éireannacha ag Guinness. Ach anois tá leann dubh Murphy's ag dul san iomaíocht ar bhonn dáiríre leo.

Osclóidh Murphy's a gcéad teach tábhairne Éireannach i nDüsselfdorf na Gearmáine go luath, agus tá rún acu suas le sé chéad eile a oscailt sna blianta atá romhainn. Díolfaidh na tithe tábhairne sin beoir agus bia Éireannach, agus cuirfidh siad béim fosta ar cheol na hÉireann.

Is le Heineken, an dara comhlacht beorach is mó ar domhan, comhlacht Murphy, agus tá siad ag infheistiú go leor airgid san fheachtas poiblíochta agus tógála a bheas de dhíth chun dul san iomaíocht le Guinness. Ach táthar dóchasach go mbeidh toradh maith ar an infheistíocht sin, nó aithnítear anois go bhfuil an teach tábhairne Éireannach ar cheann de na hinstitiúidí is mó fás i dtionscal só na hEorpa. Tá tithe tábhairne Éireannacha i mbeagnach gach cearn den Eoraip anois, ó Riga go Rostock, ó Milan go Madrid.

'Beidh tithe tábhairne Murphy éagsúil go maith le leagan Guinness,' arsa Colin Ross ó ghrúdlann Murphy. 'Cruthóimid íomhá dár gcuid féin, agus táimid ag dréim le díol phórtar Murphy's a ardú faoi thrí sa bhliain seo romhainn amháin.'

Shéan sé go mbeidh farasbarr de thithe tábhairne Éireannacha ar an saol roimh i bhfad. 'Tá cíocras san Eoraip do spraoi na hÉireann is do bheoir na hÉireann. Sílimid nach bhfuil an cíocras sin á shásamh, ná baol air, agus bheadh sé amaideach dúinn neamhaird a dhéanamh den éileamh.'

Tá Guinness buartha faoin iomaíocht ó Murphy's, ach tá airgead mór saothraithe acu thar na blianta as tógáil tithe tábhairne agus tá siad dóchasach nach dtiocfaidh titim mhór air sin, ainneoin na hiomaíochta. Thóg Guinness níos mó ná míle teach tábhairne Éireannach ar an Mór-roinn agus i dtíortha taobh amuigh di, go háirithe, le déanaí, sa tSeapáin, áit a bhfuil spéis mhór á cur sa teach tábhairne Éireannach.

Agus, ar ndóigh, le blianta fada tá na mílte teach tábhairne Éireannach ar fud na Stát Aontaithe, tithe nach mbaineann a mbunús ar shlí ar bith le Guinness, le Murphy, ná le grúdlann Éireannach ar bith.

(i) Cén plean atá ag comhlacht Murphy?
(ii) Cad a bheas ar díol sna tithe tábhairne Éireannacha?
(iii) Cén 'cíocras' atá san Eoraip, dar le Colin Ross?
(iv) Cén fáth a bhfuil Guinness buartha?
(v) Cén difríocht atá idir na tithe tábhairne a luaitear san alt deireanach agus na cinn sa chuid eile den sliocht?

Léigh an sliocht seo a leanas agus freagair na ceisteanna *ar fad* a ghabhann leis.

DUAIS 'IRISEOIR NA BLIANA' BRONNTA AR VERONICA GUERIN

Cuireadh leis an gcarn duaiseanna atá bronnta ar an iriseoir Veronica Guerin le déanaí nuair a bhronn iriseoirí Shasana duais 'Iriseoir na Bliana' uirthi.

Ba é a mac, Cathal, atá sé bliana d'aois, a ghlac an duais ar a son, a bhronn Tony Blair, ceannaire Pháirtí an Lucht Oibre. Thug Cathal óráid bheag uaidh tar éis dó glacadh leis an duais. 'Mór an onóir dom seo a ghlacadh ar son mo mháthar,' ar seisean—'duais ar leith do mháthair ar leith.'

Bhí Graham Turley, fear céile Veronica, i láthair ag an ócáid fosta. Bhí na maithe móra ó thionscal na nuachta i Sasana i láthair don ócáid bhronnta i Londain, agus bhí deora lena súile ag cuid de na haíonna nuair a tugadh Cathal chun tosaigh le glacadh leis an duais.

Ina chaint dúirt Tony Blair gur nocht Veronica Guerin domhan dúinn arbh fhearr linn neamhaird a dhéanamh de. 'Bhí meas mór agam uirthi, agus léigh mé a tuairiscí go rialta,' ar seisean. 'Nocht sí domhan a bhfuil eagla orainn plé leis, a bhfuil eagla ar na hiriseoirí fiú plé leis: domhan na gcoirpeach, domhan mistéireach contúirteach.

'Is iontach an misneach a léirigh Veronica agus an sprid a nocht sí, arís agus arís eile, fiú nuair a scaoileadh sa chos í agus nuair a bhí bagairtí á bhfáil aici go rialta. Spreagann a misneach iriseoirí agus pobal araon sa lá atá inniu ann.'

Tá níos mó ná dosaen duais idirnáisiúnta iriseoireachta bronnta ar Veronica Guerin ó dúnmharaíodh í anuraidh. Rachaidh siad seo leis na duaiseanna a bhain sí le linn di a bheith beo—carn mór eile.

Deir Graham Turley gur mór an cuidiú dó an meas a léiríonn comhiriseoirí Veronica ar fud na cruinne uirthi agus ar a saothar. Beidh na duaiseanna, dar leis, mar chruthúnas do Chathal sna blianta atá le teacht ar an meas a bhí ar a mháthair.

Veronica Guerin

(i) Cé a ghlac an duais seo?
(ii) Cén t-ábhar a mbíodh Veronica Guerin ag scríobh faoi?
(iii) Cé mhéad duais atá bronnta ar Veronica ó dúnmharaíodh í?
(iv) Céard is cuidiú d'fhear céile Veronica?
(v) Cad a léireoidh na duaiseanna seo do Chathal?

Léigh an sliocht seo a leanas agus freagair na ceisteanna *ar fad* a ghabhann leis.

SCANNÁN DEN SCOTH

Is dócha nár tharraing aon scannán eile an méid sin cainte i measc an phobail ná an scannán úd le Neil Jordan *Michael Collins*. Bhí orm féin dul ar ais trí huaire go dtí an phictiúrlann sular éirigh liom ticéad a cheannach. 'Tá an pobal imithe sifleáilte faoin scannán seo,' a dúirt fear an dorais liom.

Is é an fáth, is dócha, go bhfuil an-tóir ar an scannán áirithe seo ná gur ceann de laochra móra na staire é an phríomh-phearsa, Michael Collins. Tá creatlach an scéil ar eolas ag chuile dhuine, agus tá siad ar bís chun stair a dtíre féin a fheiceáil ar an scáileán mór.

Rugadh Michael Collins ar fheirm bheag i gContae Chorcaí, agus, dála a lán buachaillí eile ag an am, bhí air dul ar an mbád bán go Sasana de cheal oibre in Éirinn. D'oibrigh sé ar feadh tamaill sa tseirbhís phoist. D'fhill sé ar Éirinn chun páirt a ghlacadh in Éirí Amach 1916.

Osclaíonn an scannán ag an deireadh, ar bhealach, i ndiaidh an luíocháin ag Béal na mBlátha i mí Lúnasa 1922 inar maraíodh an Coileánach. Buaileann a ghrá geal, Kitty Kiernan, agus a chara Joe O'Reilly le chéile, agus tríd an spléachadh siar a insítear scéal an Choileánaigh dúinn.

Insítear scéal corrach na hÉireann idir 1916 agus 1922. Faighimid léargas ar Éirí Amach na Cásca, ar Chogadh na Saoirse agus ar Chogadh na gCarad, a lean an Conradh Angla-Éireannach.

Cé go ndúirt na nuachtáin lathaí i Sasana gur bolscaireacht ar son an IRA é an scannán seo, ní dóigh liom go bhféadfadh aon duine ciallmhar aontú leis an tuairim sin. Ní féidir a shéanadh go ndeachaigh an Coileánach agus an tIRA i muinín an fhoréigin i gcoinne Impireacht Shasana nuair a d'fheil sé dóibh sa tréimhse úd, ach léiríonn Jordan sa scannán gur thuig an Coileánach sa deireadh thiar nach bhféadfadh sé a chuid aidhmeanna a bhaint amach leis an lámh láidir amháin agus go raibh gá le réiteach polaitíochta. Is é a bhí sé ag iarraidh a dhéanamh ná an gunna a bhaint de chúrsaí polaitíochta in Éirinn go deo.

Gné eile den scannán atá an-spéisiúil ná an caidreamh idir an Coileánach agus Éamon de Valera. Léirítear an Coileánach mar laoch óg fuinniúil agus de Valera mar dhuine ciúin staidéartha glic. Ní mó ná sásta a bhí lucht tacaíochta de Valera leis an léiriú sin, ach cheap mise go raibh Alan Rickman ar fheabhas mar de Valera. Anuas air sin tá léiriú an-daonna ar an 'triantán grá' idir Kitty Kiernan, Harry Boland, agus Collins. Tá na daoine seo inchreidte ach fós féin ní ghéilleann Jordan don mhaoithneachas.

Mholfainn do gach duine an scannán seo a fheiceáil. Éiríonn le Jordan meanma, meon agus atmaisféar na linne sin a chur os ár gcomhair go paiteanta; agus cé nach bhfuil gach mionghné cruinn ceart ó thaobh na staire de, nach tábhachtaí i gcónaí—mar a thuig laoch an scannáin é féin—an pictiúr mór ná mionsonraí sa

Liam Neeson sa scannán 'Michael Collins'

(i) Cén fáth a bhfuil an-tóir ar an scannán seo?
(ii) Cad iad na heachtraí staire a léirítear sa scannán?
(iii) Cad a thuig Michael Collins sa deireadh thiar, dar leis an scríbhneoir?
(iv) Cén fáth nach raibh lucht tacaíochta de Valera sásta leis an scannán?
(v) Cén moladh a thugann an t-údar do Neil Jordan san alt deireanach?

CLUASTUISCINT

120 marc (20%)

GUIDELINES
1. Use the time at the beginning of the tape to read through the questions. *Do not waste this valuable time.*
2. Make sure your writing is clear. Use a pencil, as corrections can be made more easily and more neatly.
3. Extra paper can be obtained from the superintendent for jotting down brief notes during the first playing of the tape.
4. Use the pauses for writing the answers. Long answers are not required.
5. Answer the questions in Irish!
6. Read the instructions before each section carefully, and *take note of the number of times that section will be played.*
7. Read the questions carefully before each section.
8. Never leave a blank space. Write down something!
9. Familiarise yourself with the format of the test, which is given below.
10. The great majority of the marks (about 90 per cent) are awarded for understanding and a small proportion (about 10 per cent) for accuracy, spelling, etc.

Format
CUID A
- *Trí fhógra* (announcements).
- Each one will be played *twice.*
- A short comprehension questions (about four) on each announcement.

CUID B
- *Trí chomhrá* (conversations).
- Each one will be played *three times,* as follows:
—the full conversation
—the conversation in two parts
—the full conversation again.
- Short comprehension questions (about four) on each conversation.

CUID C
- *Trí phíosa nuachta* (news items).
- Each one will be played *twice.*
- Short comprehension questions (about two) on each item.

Stór focal don chluastuiscint

Here is some vocabulary commonly in use in the aural test. Familiarise yourself with the following:

Contaetha, tíortha, agus cathracha
Contaetha
Aontroim/Contae Aontroma
Ard Mhacha/Contae Ard Mhacha
Baile Átha Cliath/Contae Bhaile Átha Cliath
an Cabhán/Contae an Chabháin
Ceatharlach/Contae Cheatharlach
Ciarraí/Contae Chiarraí
Cill Chainnigh/Contae Chill Chainnigh
Cill Dara/Contae Chill Dara
Cill Mhantáin/Contae Chill Mhantáin
an Clár/Contae an Chláir
Corcaigh/Contae Chorcaí
Doire/Contae Dhoire
an Dún/Contae an Dúin
Dún na nGall/Contae Dhún na nGall
Gaillimh/Contae na Gaillimhe
Fear Manach/Contae Fhear Manach
an Iarmhí/Contae na hIarmhí
Laois/Contae Laoise
Liatroim/Contae Liatroma
Loch Garman/Contae Loch Garman
Longfort/Contae Longfoirt
Lú/Contae Lú
Luimneach/Contae Luimnigh
Maigh Eo/Contae Mhaigh Eo
an Mhí/Contae na Mí
Muineachán/Contae Mhuineacháin
Port Láirge/Contae Phort Láirge
Ros Comáin/Contae Ros Comáin
Sligeach/Contae Shligigh
Tiobraid Árann/Contae Thiobraid Árann
Tír Eoghain/Contae Thír Eoghain
Uíbh Fhailí/Contae Uíbh Fhailí

Tíortha agus cathracha
Sasana	England
Londain	London
an Bhreatain Bheag	Wales
Albain	Scotland

Cluastuiscint (Aural Test)

Dún Éideann	Edinburgh
an Bheilg	Belgium
an Bhruiséil	Brussels
an Fhrainc	France
Páras	Paris
an Ghearmáin	Germany
an Danmhairg	Denmark
an Ghréig	Greece
an Eilvéis	Switzerland
an Iodáil	Italy
an Róimh	Rome
an Iorua	Norway
an Pholainn	Poland
an Ísiltír	the Netherlands
an Phortaingéil	Portugal
an Rúis	Russia
an Spáinn	Spain
an Rómáin	Romania
an tSualainn	Sweden
an tSeapáin	Japan
an tSín	China
na Stáit Aontaithe	the United States
Nua-Eabhrac	New York

An scoil
Ábhair

Gaeilge	Irish
Béarla	English
Laidin	Latin
Fraincis	French
Gearmáinis	German
Spáinnis	Spanish
Iodáilis	Italian
matamaitic	mathematics
stair	history
tíreolaíocht	geography
eolaíocht	science
ceol agus ceoltóireacht	music
eagrú gnó	business organisation
ealaín	art
eacnamaíocht bhaile	home economics
innealtóireacht	engineering
líníocht theicniúil	technical drawing
adhmadóireacht	woodwork

Áiseanna

áiseanna	facilities
halla tionóil	assembly hall
leabharlann	library
bialann	restaurant
seomra an cheoil	music room
seomra an staidéir	study room
páirc pheile	football field
halla gleacaíochta	gymnasium
seomra ríomhairí	computer room
rúnaí na scoile	school secretary

Spórt

peil/peil Ghaelach	(Gaelic) football
sacar	soccer
rugbaí	rugby
cispheil	basketball
liathróid láimhe	handball
iománaíocht	hurling
camógaíocht	camogie
haca	hockey
cúl	a goal
cúilín/pointe	a point
imreoir, imreoirí	player, players
peileadóir, peileadóirí	footballer, footballers
leadóg	tennis
ag imirt leadóige	playing tennis
cluiche	match, game
galf	golf
scuais	squash
aclaí/fiteáilte	fit
cluichí páirce	field games
cluichí foirne	team games
foireann	team
réiteoir	referee
cluiche ceannais/cluiche craoibhe	final
corn	cup, trophy
Corn Domhanda	World Cup
lucht féachana	spectators
lúthchleasa	athletics
na Cluichí Oilimpeacha	the Olympic Games
tá an iomarca béime ar …	there is too much emphasis on …
suim sa spórt	interest in sport
taitneamh agus tairbhe	enjoyment and benefit
sárchluiche	a great game

corpoideachas	physical education
Craobh na hÉireann	the All-Ireland

Caitheamh aimsire
Ceol

pop-cheol	pop music
ceol clasaiceach	classical music
ceol tíre/ceol Gaelach/ceol traidisiúnta	traditional music
snagcheol	jazz
banna ceoil	band (music)
grúpa ceoil	group (music)
ceoltóir, ceoltóirí	musician, musicians
ceolfhoireann	orchestra
ceolfhoireann shiansach	symphony orchestra
ceolchoirm	concert
gléasanna ceoil	musical instruments
giotár	guitar
pianó	piano
fliúit/feadóg mhór	flute
feadóg stáin	tin whistle
veidhlín	violin
cláirseach/cruit	harp
amhrán	song
amhránaí	singer
amhránaíocht	singing
ceoldráma	opera
ceol an lae inniu	modern music
ceirnín, ceirníní	record, records
dlúthcheirnín	compact disc/CD
seinnteoir ceirníní	record-player
téipthaifeadán	tape-recorder
caiséad, caiséid	cassette, cassettes
seinnim	I play (music)
togha ceoil!	great music!

Teilifís agus raidió

cláir theilifíse	television programmes
bolscaire	announcer
tráchtaire	commentator
cláir éagsúla	different programmes
cláir oideachais	educational programmes
cláir do pháistí	children's programmes
arna chur i láthair ag ...	presented by ...
ní féidir gach duine a shásamh	you can't please everyone

cláir shiamsa	light entertainment
fógraíocht	advertising
an iomarca fógraíochta	too much advertising
cuireann sé isteach ar an gclár	it interrupts the programme
cur amú ama is ea é	it's a waste of time
an iomarca seafóide ó Mheiriceá	too much rubbish from America
ag iarraidh freastal ar gach duine	trying to please everyone
tá an-tóir air	it's very popular
stáisiún mídhleathach/bradach	illegal station
ceadúnas	licence
raidió áitiúil	local radio
Radió na Gaeltachta	
an nuacht	the news
réamhaisnéis na haimsire/ tuar na haimsire	the weather forecast
cabhraíonn sé le seandaoine	it helps old people
an t-uaigneas a dhíbirt	to banish loneliness
cláir fhiúntacha	worthwhile programmes
cláir cheistiúcháin	quiz programmes
sraithscéalta	serials
deirtear go bhfuil drochthionchar aige ar pháistí	it is said to have a bad effect on children
léirítear foréigean agus gáirsiúlacht mar ghnáthchuid den saol	violence and obscenity are portrayed as a normal part of life
na meáin	the (mass) media
cainéal	channel

Léitheoireacht

litríocht	literature
úrscéalta	novels
gearrscéalta	short stories
drámaí	plays
filíocht	poetry
irisí	magazines
scéalta bleachtaireachta	detective stories
leabhair thaistil	travel books
beathaisnéis	biography
dírbheathaisnéis	autobiography
cúlra stairiúil	historical background
leabhar faoi chlúdach bog	paperback
an leabharlann	the library
leabharlannaí	librarian
ciúnas	silence
dáta fillte	return date

Cluastuiscint (Aural Test)

ag dul i léig	on the decline
leabhar a roghnú	to choose a book
rogha fhairsing	a wide choice
údar	author
is caitheamh aimsire taitneamhach í	it's a pleasant pastime
fairsingíonn sí an intinn	it broadens the mind
níl fáil air	it's not available
samhlaíocht	imagination

Cineálacha eile caitheamh aimsire

amharclann	theatre
aisteoir	actor
an dráma/drámaíocht	the theatre
dráma	a play
ag imirt cártaí	playing cards
ficheall	chess
bailiúchán stampaí	stamp collection
gúnadóireacht	dressmaking
patrún páipéir	paper pattern
cócaireacht	cooking/cookery
oideas	recipe
ríomhaire	computer
cluichí ríomhaire	computer games
ríomhaire baile	home computer
pictiúrlann	cinema
scannán	film
scánnaíocht	the cinema/film-making

AN TEAGHLACH

tuismitheoirí	parents
athair	father
máthair	mother
deartháir	brother
deirfiúr	sister
seanathair/athair mór/athair críonna	grandfather
seanmháthair/máthair mhór/ máthair chríonna	grandmother
nia	nephew
neacht	niece
uncail	uncle
aintín	aunt
col ceathrair	first cousin
col seisir	second cousin
bean (chéile)	wife
fear (céile)	husband

an duine is sine	eldest
an duine is óige	youngest

Poist

gairm	profession
ceird	trade
aturnae	solicitor
innealtóir	engineer
bainisteoir	manager
cuntasóir	accountant
siúinéir	carpenter
pluiméir	plumber
leictreoir	electrician
meicneoir	mechanic
feisteoir	fitter
dul le múinteoireacht	to go in for teaching
oileadh ina dochtúir í	she became a doctor
ba mhaith liom bheith i mo …	I would like to be a …
slí bheatha a roghnú	to choose a career
freastal ar an ollscoil	to attend university
easpa deiseanna	lack of opportunities
cáilíochtaí	qualifications
céim a bhaint amach	to get a degree
teastas	a certificate
obair dhian	hard work
obair shuimiúil	interesting work
obair thuirsiúil	tedious work
oibrí, oibrithe	worker, workers
ceardchumann	trade union
oifig	office
monarcha	factory
pá	pay/wages
post, poist	job, jobs
fostaitheoir/fostóir	employer
thug sé an bóthar dó	he gave him the sack
briseadh as a phost é	he was sacked
fostaithe	employed
dífhostaithe	unemployed
sochar dífhostaíochta	unemployment benefit
cúnamh dífhostaíochta	unemployment allowance/the dole
ardú céime	promotion
iarratas a chur isteach ar phost	to apply for a job
foirm iarratais	application form

AN T-AM AGUS AN AIMSIR
Na laethanta

an Luan; Dé Luain	Monday; on Monday
an Mháirt; Dé Máirt	Tuesday; on Tuesday
an Chéadaoin; Dé Céadaoin	Wednesday; on Wednesday
an Déardaoin; Déardaoin	Thursday; on Thursday
an Aoine; Dé hAoine	Friday; on Friday
an Satharn; Dé Sathairn	Saturday; on Saturday
an Domhnach; Dé Domhnaigh	Sunday; on Sunday

Na míonna

Eanáir/mí Eanáir	January
Feabhra/mí Feabhra	February
Márta/mí an Mhárta	March
Aibreán/mí Aibreáin	April
Bealtaine/mí na Bealtaine	May
Meitheamh/mí an Mheithimh	June
Iúil/mí Iúil	July
Lúnasa/mí Lúnasa	August
Meán Fómhair/mí Mheán Fómhair	September
Deireadh Fómhair/mí Dheireadh Fómhair	October
Samhain/mí na Samhna	November
Nollaig/mí na Nollag	December

An t-am

inné	yesterday
maidin inné	yesterday morning
arú inné	the day before yesterday
inniu	today
maidin inniu	this morning
tráthnóna inniu	this evening
amárach	tomorrow
maidin amárach	tomorrow morning
tráthnóna amárach	tomorrow evening
arú amárach	the day after tomorrow
anuraidh/an bhliain seo caite	last year
bliain ó shin	a year ago
seachtain ó shin	a week ago
fadó	long ago
an tseachtain seo chugainn	next week
lá arna mhárach	the following day
nóiméad	a minute
soicind	a second

Aimsir

breá brothallach	fine and warm
te grianmhar	hot and sunny
fuar fliuch	cold and wet
sioc	frost
sneachta	snow
ceo	fog
brádán	drizzle
stoirmiúil gaofar	stormy and windy
sioc talún	ground frost
tréimhsí gréine	sunny spells
tintreach agus toirneach	thunder and lightning
tais go leor	humid
scamallach	cloudy
gaoth láidir	strong wind

Steps to Success in the Listening Test

In addition to the **guidelines** on **page 81** we include some simple but essential **steps to success** for the listening test in the following pages.

STEP 1

QUESTION TYPES

You should **learn/become familiar** with the following **question types** that occur quite frequently in listening tests. They will assist you greatly in answering and give you confidence. This list has been compiled by referring to recent past Leaving Cert exam papers.

Cén dáta	what date
Cén t-ainm	what name
Cén ollscoil	what university
Cén fáth	why
Cén áit	where
Cén duine	what person
Cén scrúdú	what exam
Cén fhoireann	what team
Cén cluiche	what match, game
Cén contae	what county
Cén táille	what charge, cost
Cén comórtas	what competition
Cén t-imreoir	what player
Cén post	what job
Cén coláiste	what college
Cén uair	when, what time

Cluastuiscint (Aural Test)

Cén sórt	what sort, kind
Cén tír	what country
Cén duais	what prize
Cén cineál	what kind of
Cén chaoi	how
Cén fhad	how long
Cén bhliain	what year
Cén suíomh	what setting
Cén gnó	what business
Cén toradh	what result
Cén ócáid	what occasion
Cén dea-scéal	what good news
Cén rogha	what choice
Cén cháil	what fame
Cé acu	which of them
Conas	how
Cé atá	who is
Cé a dúirt	who said
Cé mhéad	how much, how many
Cé hiad	who were
Cé	who
Cá fhad	how long
Cad	what
Céard	what

Questions beginning with 'An'

Nearly every year the aural exam has sets of questions that begin with **'An'**, for example:

An oíche a bheidh an seoladh ar siúl?	*The night of the launch?*
An t-am a thosóidh sé?	*The time it will start?*
An contae a mbeidh an seoladh ar siúl?	*The county in which the launch will take place?*
An contae arbh as do mháthair Mhairéad?	*The county that Mairead's mother is from?*

There are many students who find the above format difficult because the questions are not posed directly, **e.g. Cén oíche a bheidh an seoladh ar siúl?** But if you can imagine that they are **direct questions** you should have little difficulty with them.

Other question types

Cárb as	where from
An mó	how many, how much
Cá	where
An fada	how long
Ainmnigh	name
Luaigh	mention, refer to
Breac síos	write down

STEP 2
THE VOCABULARY OF THE QUESTIONS

One of the keys to success in the **aural test** is to be familiar with the **vocabulary of the questions.** We include here the most **commonly occuring words/expressions** that have come up in recent examinations. We would strongly advise that students **learn/become familiar** with these important **words/expressions.** The resultant improvement in your performance will be quite noticeable and very rewarding.

Words/expressions

seoladh	to launch, release (a book, CD, etc.)
arbh as	where from (e.g. where a person is from)
luaigh	mention, name
le líonadh	to be filled (e.g. as in job to be filled)
a chaithfidh a bheith	that one must have (e.g. the qualifications that you must have for a job)
ar díol	being sold
ainmnigh	name
luaite	mentioned, referred to
i gceist	in question
a chosnóidh	will cost
an méid	the number, the amount
cé mhéad	how much, how many
á	being
á dhéanamh	being done
á phlé	being discussed
á cheiliúradh	being celebrated
cé hiad	who were
táille	charge, cost
ar fáil	available
a thosnóidh	will start (e.g. the time it will start)
fón póca	mobile phone
á ndíol	being sold

Cluastuiscint (Aural Test)

i bponc	trouble
comórtas	competition
cá háit	where, what place
iarrthóir	applicant, entrant
an dáta deireanach	the final date
na hiarratais	the applicants
tuarastal, pá	pay
cosain	to cost
faoi láthair	at present
díolachán	sale
á chraoladh	being broadcast
déagóirí	teenagers
cén sórt	what sórt of, what kind of
anuraidh	last year
iarratasóir	applicant, entrant
damáiste	danger
cé a d'oscail	who opened
eagraíocht	organisation
á eagrú	being organised
faitíos	fear
cáilíocht	qualification
monarcha	factory
sraith	series (e.g. TV series)
á lorg	being sought
praghas	price
cúis	cause, reason
riachtanach	necessary
gadaíocht	theft
comhlacht	company
duais	rpize
duaischiste	prize fund
an té	the one, the person
an té a cheapfar	the one who will be chosen
grád	grade (as in exam)
cén teideal	what title, what name
rugadh	was born
cineál	type, kind
tionscadal	project
foireann	team
líon na ndaoine	the number of people
scannán	film
tuillte	earned, deserved
thaitin	liked
shroich	reached
ráiteas	saying, statement

cén uair	when, what time
nár mhór a bheith	must have (e.g. qualifications that you must have for a job)

Step 3
Testing Yourself

Yes you can actually **test and correct** yourself and watch those grades **improve dramatically** as a result.

Here's how
1. Do the 2004 **Listening Test.**
2. Now go to **page 95** in this book where you will find the **worked example** for that year.
3. Now **correct your own test** using the answers provided. Remember approx. **90%** of marks are for the **content** and **correctness** of your answers, no matter what the standard of your grammar, spelling, etc. is. Approx. **10%** of the marks are for the **standard of your Irish**.
4. Now do the same test **one more time**; correct it and see how much you have improved. This is known as '**training your ear**', and should see your standard rise significantly.
5. Now do the very same thing with the **2003 Listening Test**, for which you will find the **worked example** on **page 102.**
6. We have also included in this book the **full tapescripts for the 2000, 2001 and 2002 Listening Tests**, so get cracking and do as many as you can and watch those grades rise.

In the pages that follow you will find **two worked examples**:
(a) the **Leaving Cert** test for **2004** and the **Department marking scheme** plus the **transcript of the tape** (pages 95–101).
(b) the **Leaving Cert** test for **2003** and the **Department marking scheme** plus the **transcript of the tape** (pages 102–108).
(c) **Leaving Cert Aural** tests for **2002, 2001 and 2000** plus the **transcripts** for those tests (pages 109–29).

Note
Remember to do these tests **yourself first**. Then **correct yourself** using the **worked examples** that follow and the **marking schemes** provided.

Cluastuiscint (Aural Test)

Sample 1: Worked Example—Leaving Certificate 2004

Gaeilge (Gnáthleibhéal)
Triail Chluastuisceana (120 marc)

CUID A

Cloisfidh tú *trí cinn* d'fhógraí raidió sa Chuid seo. Cloisfidh tú gach fógra díobh **faoi dhó**. Beidh sos le scríobh na bhfreagraí tar éis na chéad éisteachta **agus** tar éis an dara héisteacht.

FÓGRA A hAON   Marcanna

Líon isteach an t-eolas atá á lorg sa ghreille anseo.

An oíche a bheidh an seoladh ar siúl	*Dé Sathairn seo chugainn*	3
An t-am a thosóidh sé	*ag a naoi a chlog*	3
An contae a mbeidh an seoladh ar siúl	*i gContae na Mí*	4
An contae arbh as do mháthair Mhairéad	*Contae Chiarraí*	4

FÓGRA A DÓ   Marcanna

1. (a) Cén dáta a mbeidh an clár *SBB agus a Aoi* ar siúl?

    ar an tríú lá de Lúnasa **or** *ar 3 Lúnasa*   3

    (b) Cén t-ainm atá ar an aoi (duine) speisialta a bheidh ar an gclár?

    Mary Kennedy   3

2. (a) Luaigh ábhar amháin atá ag an duine sin sa chéim BA.

    Gaeilge—Fraincis **either**   4

    (b) Cén ollscoil ina bhfuair an duine sin an chéim BA?

    Ollscoil Bhaile Átha Cliath   4

FÓGRA A TRÍ   Marcanna

Líon isteach an t-eolas atá á lorg sa ghreille anseo.

An t-ainm atá ar an stáisiún raidió seo	*Raidió na Life*	3
An post atá le líonadh	*Rúnaí oifige*	3
An rud atá le cur chuig an stáisiún roimh an tríochadú lá de Mheitheamh	*Foirm iarratais*	4
Rud amháin a chaithfidh a bheith ag na hiarratasóirí	*Teastas rúnaíochta—Gaeilge líofa either*	4

CUID B

Cloisfidh tú *trí cinn* de chomhráite sa Chuid seo. Cloisfidh tú gach comhrá díobh **trí huaire**. Cloisfidh tú an comhrá ó thosach deireadh an chéad uair. Ansin cloisfidh tú é ina *dhá mhír*. Beidh sos le scríobh na bhfreagraí tar éis gach míre díobh. Ina dhiaidh sin cloisfidh tú an comhrá ó thosach deireadh arís.

COMHRÁ A hAON

An Chéad Mhír   Marcanna

1. Cad a chaithfidh Jackie a dhéanamh don mhúinteoir nua?
   Aiste Bhéarla a scríobh   4

2. An bhfuil sí sásta leis na rudaí atá luaite (ráite) ag Oilibhéar?
   Níl sí sásta   4

An Dara Mír

1. Cathain a chaithfidh an rud seo a bheidh réidh?
   Amárach   4

2. Cén áit a mbeidh Oilibhéar ag dul anocht?
   Chuig teach tábhairne   3

COMHRÁ A DÓ

An Chéad Mhír   Marcanna
Líon isteach an t-eolas atá á lorg sa ghreille anseo.

Cad ba mhaith le Seán a dhéanamh anocht?	*Dul chuig an bpictiúrlann*	4
An féidir le Síle dul ann?	*Ní féidir*	4
Cén uair a chaithfidh an fhoirm a bheith sa phost?	*Go luath maidin amárach*	4
Cén áit a mbeidh Síle ag dul amárach?	*Go dtí an scoil*	4

An Dara Mír

1. Luaigh ábhar amháin a thaitníonn le Síle.

   Cuntasaíocht—eacnamaíocht either   4

2. Cé a dúirt le Síle gur ar éigean a gheobhadh sí Grád D sa Bhitheolaíocht?

   An múinteoir eolaíochta   4

COMHRÁ A TRÍ

An Chéad Mhír   Marcanna

1. Cad a bhuaigh Mícheál sa chomórtas seo?

   Bhuaigh sé an chéad duais i gcomórtas.   3

2. Cén áit a bhfuil Gillian ina cónaí?

   i gCorcaigh   3

An Dara Mír

1. Cén áit a mbeidh Mícheál ag dul i mí Lúnasa?

   Chuig na Cluichí Oilimpeacha sa Ghréig.   3

2. Cén fáth nach féidir le Ciara dul ann le Mícheál?

   Mar bhris sí a cos i dtimpiste bóthair   3

CUID C

Cloisfidh tú *trí cinn* de phíosaí raidió/teilifíse sa Chuid seo. Cloisfidh tú gach píosa díobh **faoi dhó**. Beidh sos le scríobh na bhfreagraí tar éis na chéad éisteachta *agus* tar éis an dara héisteacht.

PÍOSA A hAON

Líon isteach an t-eolas atá á lorg sa ghreille anseo.

Cá raibh an fear óg seo inné?	*Os comhair na cúirte i gCorcaigh*	4
Cén aois a bhí sé?	*Fiche bliain d'aois*	3
Cé mhéad airgid atá luaite?	*Cúig mhíle déag euro (€15,000)*	4
Cad a d'fhág sé ina dhiaidh sa bhanc?	*D'fhág sé fón póca ina dhiaidh*	4

PÍOSA A DÓ   Marcanna

1. Cad a d'oscail an tAire i Ros Muc inné?

    D'oscail sé monarcha nua.   3

2. Cé mhéad post a chruthófar (a bheidh ar fáil) san áit seo?

    Fiche post   3

PÍOSA A TRÍ

1. Cad a sheol Joe Mhicí Jimí aréir?

    Sheol sé ceirnín nua dá chuid ceoil.   3

2. Ainmnigh áit amháin ina mbeidh an rud seo ar díol ann.

    Sna siopaí sa cheantar nó díreach ó Joe féin. 3

(Gaeilge lochtach: 0—12 a bhaint den iomlán a gnóthaíodh)
(0—12 marks can be deducted for poor Irish)

Cluastuiscint (Aural Test)

2004 Tapescript

Léigh anois go cúramach ar do scrúdpháipéar na treoracha agus na ceisteanna a ghabhann le Cuid A.

FÓGRA A hAON

Beidh Maighréad Mhic Dhonncha ag seoladh a dlúthdhiosca nua Dé Sathairn seo chugainn, an 22ú lá, ag a naoi a chlog san áras pobail i Ráth Cairn i gContae na Mí. Bun an Bhaile an t-ainm atá ar an dlúthdhiosca seo. Cnuasach amhrán a chuala Maighréad óna máthair, a rugadh agus a tógadh ar oileán an Bhlascaoid i gCiarraí, atá le cloisteáil ar an dlúthdhiosca seo. Amhránaí den scoth ab ea a máthair.

FÓGRA A DÓ

Seo fógra ó Raidió na Gaeltachta faoin gclár 'SBB agus a Aoi' a bheas ar siúl ar 3 Lunasa. Is í Mary Kennedy, duine de láithreoirí an chláir 'Open House' ar RTÉ1, an t-aoi speisialta. As Cluain Dolcáin í, agus bhain sí céim BA amach sa nGaeilge agus sa bhFraincis in Ollscoil Bhaile Átha Cliath. Tá an leabhar *Paper Tigers* scríofa aici faoina saol, agus beidh sí ag freagairt ceisteanna a chuirfidh SBB uirthi faoin leabhar, faoina hóige agus faoina saol in RTÉ sa chlár seo.

FÓGRA A TRÍ

Seo fógra ó Raidió na Life. Tá rúnaí oifige ag teastáil uainn sa stáisiún raidió seo. Má tá suim agat sa phost seo cuir foirm iarratais chugainn roimh 30 Meitheamh. Ní mór d'iarratasóirí teastas rúnaíochta a bheith acu. Ó tharla go mbeidh an duine a cheapfar ag obair ag an deasc chun fáilte a chur roimh chuairteoirí, beidh Gaeilge líofa riachtanach. Chomh maith le litreacha a chlóscríobh, beidh an duine seo ag obair le léiritheoirí na gclár.

COMHRÁ A hAON

A Oilibhéir, caithfidh tú cabhrú liom!
—Cinnte, a Jackie. Cad atá uait?
Tá aiste Bhéarla le scríobh agam don mhúinteoir nua. Táim ag iarraidh ort alt suimiúil faoin teideal 'Laochra' a scríobh domsa.
—D'fhéadfainn píosa faoi na laochra spóirt a ghlac páirt sna Cluichí Oilimpeacha a scríobh duit.
Seafóid! Beidh gach amadán ag scríobh fúthu sin.
—Cad faoin ngaisce a rinne na fir as Tír Eoghain, a bhuaigh Craobh na hÉireann sa pheil Ghaelach?—an chéad uair riamh a rinne Tír Eoghain a leithéid.
Ó, stop! Nílim sásta leis sin ach oiread.
—Cén uair a chaithfidh an aiste seo a bheith réidh?

Amárach.
—Amárach!
Sea. Is féidir leat scríobh faoi laochra cosúil le Colin Farrell nó Samantha Mumba.
—Níl a fhios agam faic fúthu!
Nach mbeifeá ábalta dul ar an idirlíon agus eolas a fháil fúthu?
—Cad fút féin?
Níl am agam. Thug an buille breá, Seán Ó Sé, cuireadh dom dul chuig teach tábhairne anocht leis. Caithfidh mé dul ann chun éad a chur ar Eibhlín Ní Scannláin.
—Ní bheidh mé ábalta d'aiste a scríobh. Beidh mise ag dul chuig cóisir anocht—le hEibhlín Ní Scannláin.

COMHRÁ A DÓ

Haileo.
—A Shíle, Seán anseo.
A Sheáin!
—Ba mhaith liom dá rachfá chuig an bpictiúrlann in éineacht liom anocht. Tá an scannán *Alexander* ar siúl.
Ní féidir liom dul ann anocht. Tá an fhoirm ón CAO á líonadh agam. Caithfidh mé í a líonadh anocht.
—Nach féidir leat í a líonadh amárach?
Ní féidir. Caithfidh sí a bheith sa phost go luath maidin amárach. Cuirfidh mé sa bpost í ar mo bhealach go dtí an scoil amárach.
—Chuir mise m'fhoirm féin chucu ar an ríomhphost seachtain ó shin.
Ach, tá mé cráite go mór. Mar níl a fhios agam cad a chuirfidh mé síos mar chéad rogha.
—Taitníonn cuntasaíocht agus eacnamaíocht leat. Cuir síos céim sa tráchtáil in Ollscoil na Gaillimhe mar chéad rogha — agus imeoimid chuig an bpictiúrlann.
Ach mura bhfaigheann mé na pointí ansin, cad a dhéanfaidh mé?
—Caith síos eolaíocht in Ollscoil Mhaigh Nuad sa dara háit. Sin é a rinne mise. Ach dúirt an múinteoir eolaíochta liom gur ar éigean a gheobhaidh mé grád D sa mbitheolaíocht san Ardteistiméireacht.
—Ara, déanaimis dearmad ar an bpictiúrlann anocht mar sin, mar is léir go gcaithfidh tú tuilleadh machnaimh a dhéanamh faoi do roghanna. Slán!

COMHRÁ A TRÍ

A Mháire! Ní chreidfeá cad é a tharla!
—Cad é a tharla, a Eoghain?
Bhuaigh mé an chéad duais i gcomórtas a bhí á reáchtáil ag Raidió Pobail Dhún na nGall.
—Bhí ceist éigin le freagairt ... em ...
Bhí! Mise an t-aon duine amháin a d'fhreagair an cheist i gceart: cén áit ina rugadh Gillian Ní Shúilleabháin?

Cluastuiscint (Aural Test)

—Sin í an bhean óg a bhuaigh bonn airgid i gcraobh chomórtais an domhain i bPáras anuraidh. As Corcaigh di, nach ea?
Ní hea. Tá Gillian ina cónaí i gCorcaigh, ach is é an áit ar rugadh í ná an Fearann Fuar i gContae Chiarraí.
—Cén sórt duaise a bhuaigh tú?
Dhá thicéad chun dul chuig na Cluichí Oilimpeacha sa Ghréig i mí Lúnasa.
—Beidh tú ábalta Gillian a fheiceáil ag iomaíocht sa chomórtas siúil 20K.
Beidh. Ach chomh maith leis sin tá seachtain saoire le caitheamh san oileán Rhodes.
—Iontach! Bíonn an aimsir go hálainn ann an t-am sin den bhliain . . . Cé a bheidh ag dul leat?
Bhí mo dheirfiúr Ciara chun dul liom, ach ní féidir léi, mar bhris sí a cos i dtimpiste bóthair . . . Ach má bhíonn tusa saor mí Lúnasa, beidh míle fáilte romhat teacht in éineacht liom.
—Cinnte, beidh mé saor! Rachaidh mise in éineacht leat. Wow!

Léigh anois go cúramach ar do scrúdpháipéar na treoracha agus na ceisteanna a ghabhann le Cuid C.

PÍOSA A hAON

Tugadh fear óg, fiche bliain d'aois, os comhair na cúirte i gCorcaigh inné de bharr gadaíochta. Ghoid sé €15,000 as brainse de Bhanc na hÉireann in Eochaill i mí Aibreáin seo caite. Dúirt garda sa chúirt nach raibh aon deacracht acu an gadaí a ghabháil, mar gur fhág sé fón póca ina dhiaidh sa bhanc. Nuair a lean na Gardaí é, stop an carr a bhí á thiomáint aige dhá mhíle taobh amuigh den bhaile d'uireasa peitril.

PÍOSA A DÓ

D'oscail an t-aire Éamon Ó Cuív mhonarcha nua éadaí i Ros Muc i gceartlár Ghaeltacht Chonamara inné. Gúnaí brídeoige agus cultacha bainise do na fir a bheidh á ndéanamh sa mhonarcha nua seo. Is í Ríonach Ní Choisdealbha bainisteoir na monarchan. Chaith Ríonach deich mbliana thall i Meiriceá ag obair i dtionscal na teicstíle, agus nuair a d'fhill sí abhaile d'infheistigh sí ceathrú milliún euro dá cuid airgid féin sa togra seo. Cruthófar fiche post nua sa monarcha nua.

PÍOSA A TRÍ

Bhí slua mór i dteach tábhairne Leo aréir nuair a sheol Joe Mhicí Jimí Mac Grianna ceirnín nua dá chuid ceoil. Dhá phíosa dhéag ceoil atá ar an cheirnín. Seinneann Joe ar an fheadóg stáin agus ar an bhosca ceoil, agus is minic a bhíonn sé le cloisteáil ar Raidió na Gaeltachta agus ag ócáidí sa cheantar. Is é Maghnas Lunny a rinne an léiriú agus an taifeadadh ina stiúideo féin in Anagaire. Tá an t-albam ceoil ar díol sna siopaí sa cheantar, nó díreach ó Joe féin.

Irish Revision for Leaving Certificate—Ordinary Level

Sample 2: Worked example—Leaving Certificate 2003

Gaeilge (Gnáthleibhéal) 2003
Triail Chluastuisceana (120 marc)

CUID A

Cloisfidh tú *trí cinn* d'fhógraí raidió sa Chuid seo. Cloisfidh tú gach fógra díobh **faoi dhó**. Beidh sos le scríobh na bhfreagraí tar éis na chéad éisteachta agus tar éis an dara héisteacht.

FÓGRA A hAON   Marcanna

Líon isteach an t-eolas atá á lorg sa ghreille anseo.

An baile atá luaite anseo	Trá Lí	3
An lá a thosóidh sé	Dé Luain seo chugainn	3
Na daltaí atá i gceist anseo	Daltaí as scoileanna i gContae Chiarraí	4
An duine a osclóidh 'Seachtain na hEolaíochta'	Nollaig Ó Diomsaigh	4

FÓGRA A DÓ   Marcanna

1. (a) Cén t-ainm atá ar an tír atá luaite anseo?
   Sasana   3

   (b) Cé mhéad post nua atá i gceist?
   seacht gcéad post breise   4

2. (a) Ainmnigh contae amháin atá luaite san fhógra?
   Contae an Chabháin   3

   (b) Cé mhéad milliún euro a chosnóidh sé?
   Céad caoga milliún euro   4

FÓGRA A TRÍ

Líon isteach an t-eolas atá á lorg sa ghreille anseo.

		Marcanna
Ainm an duine a scríobh an leabhar	*Brian Ó Baoill*	4
An t-ainm atá ar an Óstán	*Óstán Uí Bhaoill*	3
An méid leabhar atá scríofa aige	*Tá trí leabhar foilsithe aige*	3
Ainm an duine a sheolfaidh an leabhar	*Nuala Ní Dhomhnaill*	4

CUID B

Cloisfidh tú *trí cinn* de chomhráite sa Chuid seo. Cloisfidh tú gach comhrá díobh **trí huaire.** Cloisfidh tú an comhrá ó thosach deireadh an chéad uair. Ansin cloisfidh tú é ina *dhá mhír*. Beidh sos le scríobh na bhfreagraí tar éis gach míre díobh. Ina dhiaidh sin cloisfidh tú an comhrá ó thosach deireadh arís.

COMHRÁ A hAON

An Chéad Mhír   Marcanna

1. Cén scrúdú a bheidh á dhéanamh go luath ag Máire?
   Scrúdú na hArdteistiméireachta   3

2. Cén áit a raibh Seán an bhliain seo caite?
   Bhí sé san Ollscoil i mBaile Átha Cliath ag déanamh cúrsa leighis   4

An Dara Mír

1. Cad a bhí ar siúl ag tuismitheoirí Mháire an mhí seo caite?
   Bhí siad ar laethanta saoire sa Spáinn   4

2. Cá rachaidh Máire agus Seán ag obair an samhradh seo?
   Go Malaga na Spáinne ag obair in óstán.   4

COMHRÁ A DÓ

An Chéad Mhír   Marcanna

Líon isteach an t-eolas atá á lorg sa ghreille anseo.

Cá bhfaca Pádraig an pictiúr de Bhono?	*Sa nuachtán The Irish Times*	4
Cén áit ina mbeidh an túr?	*In aice le habhainn na Life*	4
Cá mbeidh stiúideo nua U2?	*Beidh sé thuas i mbarr an túir*	4
Cé hiad na daoine a ndearna Bono ionsaí orthu?	*Ar pholaiteoirí na hÉireann*	4

An Dara Mír   Marcanna

1. Cé hiad na daoine ar labhair Bono ar a son?

   Labhair sé ar son na ndaoine bochta san Afraic.   4

2. Luaigh fáth amháin nach bhfuil polaiteoirí in Éirinn sásta le Bono, dar le Pádraig?

   *Mar is realta rac é agus *agus ní polaiteoir é either   4

COMHRÁ A TRÍ

An Chéad Mhír   Marcanna

1. Cá bhfaca Eoin na fógraí atá i gceist anseo?

   Chonaic sé ar an teilifís iad.   3

2. Cad a bhí ar siúl ag an lead óg a maraíodh sa chéad fhógra?

   Bhí sé ag feachaint ar an bhfón póca agus gan aird aige ar an trácht   3

An Dara Mír

1. Cé a maraíodh sa dara fógra?

   Maraíodh leanbh   3

2. Cén fáth nach maith le Sinéad na fógraí seo?

   Mar scanráionn na fógraí   3

Cluastuiscint (Aural Test)

CUID C

Cloisfidh tú *trí cinn* de phíosaí nuachta raidió/teilifíse sa Chuid seo. Cloisfidh tú gach píosa díobh **faoi dhó**. Beidh sos le scríobh na bhfreagraí tar éis na chéad éisteachta *agus* tar éis an dara héisteacht.

PÍOSA A hAON   Marcanna

Líon isteach an t-eolas atá á lorg sa ghreille anseo.

Cén t-ainm atá ar an bhféile cheoil anseo?	*Plearáca Chonamara*	3
Cén duine ar bronnadh an gradam air?	*Johnny Connolly*	4
Luaigh rud amháin faoin duine sin.	*Ceoltóir *Craoltóir raidió either	4
Cad iad na ranganna atá luaite?	*Ranganna ceoil agus rincí traidisiúnta*	4

PÍOSA A DÓ

1. Cé mhéad airgid a bhuaigh Máirtín Ó Sé sa Lotto?

   Deich míle, cúig chéad euro   3

2. Cad ba mhaith le Máirtín a dhéanamh leis an airgead?

   Ba mhaith leis é a chaitheamh ar thuras timpeall an domhain, lena bhean chéile.   3

PÍOSA A TRÍ

1. Cén cluiche atá i gceist anseo?

   Leadóg atá i gceist.   3

2. Cén fhoireann a raibh an bua acu sa chomórtas seo?

   Foireann ó na Stáit Aontaithe   3

(Gaeilge lochtach: 0—12 a bhaint den iomlán a gnóthaíodh)
(0—12 marks can be deducted for poor Irish)

2003 Tapescript

Léigh anois go cúramach ar do scrúdpháipéar na treoracha agus na ceisteanna a ghabhann le Cuid A.

FÓGRA A hAON

Cuirfear tús le 'Seachtain na hEolaíochta' san Institiúid Teicneolaíochta i dTrá Lí Dé Luain seo chugainn. Is í foireann teagaisc na hInstitiúide a bheidh i bhfeighil imeachtaí na seachtaine. Beidh daltaí as scoileanna i gContae Chiarraí ann chun a gcuid oibre san eolaíocht ar scoil a phlé lena chéile agus le foireann eolaíochta na hInstitiúide. Is í aidhm an tionscnaimh nua seo suim san eolaíocht a spreagadh san aos óg. Osclóidh an tAire Oideachais agus Eolaíochta, Nollaig Ó Díomsaigh, Teachta Dála, 'Seachtain na hEolaíochta' go hoifigiúil.

FÓGRA A DÓ

D'fhógair an comhlacht mór, Saotharlanna Abbot, i Sasana, go mbeidh seacht gcéad post breise á gcur ar fáil acu sna cúig bliana atá romhainn. Tá monarchana cheana féin ag an gcomhlacht i gContae na Gaillimhe agus i gContae an Chabháin. Cuirfear leis na monarchana seo ar chostas céad caoga milliún euro agus déanfaidh siad earraí leighis d'ospidéil. Dúirt an Tánaiste, Mary Harney, gurb í aidhm an rialtais comhlachtaí den chineál seo a mhealladh go hÉirinn, go háirithe go dtí iarthar agus lár na tíre.

FÓGRA A TRÍ

Seolfar leabhar nua filíochta a scríobh Brian Ó Baoill in Óstán Uí Bhaoill, Leitir Ceanainn, oíche Dé hAoine seo chugainn ag leath i ndiaidh a hocht. Is as Leitir Ceanainn do Bhrian agus seo é an tríú leabhar atá foilsithe aige. *Teochreasa* is teideal don chnuasach agus tá sé neamhghnách sa mhéid is gur cúlra idirnáisiúnta atá leis na dánta ar fad ann. Tá an domhan mór siúlta ag Brian Ó Baoill agus díríonn sé ar fhadhbanna ár linne sa leabhar álainn seo. Seolfaidh an file cáiliúil, Nuala Ní Dhomhnaill, an leabhar nua.

COMHRÁ A hAON

Fuaim: Guthán ag bualadh
Haló.
—Haló, a Sheáin. Caidé mar atá tú? Máire anseo.
Haigh, a Mháire! Ba mhaith liom ádh mór a ghuí ort i scrúdú na hArdteistiméireachta.
—Go raibh míle maith agat, a Sheáin, ach táim cráite leis an obair atá fós le déanamh agam. Nach breá duitse a chaith an bhliain seo caite ag déanamh cúrsa leighis san ollscoil i mBaile Átha Cliath?
Ní breá domsa ar bhealach ar bith. Níl dada déanta agam do scrúduithe an

tsamhraidh. Ach féach, an bhfuil post samhraidh faighte agat go fóill?
—Níl, ach bhí mé ag smaoineamh ar phost a lorg i gceann de na hóstáin.
Arra, ná bac. Tá gach óstán ar an idirlíon cuardaithe agamsa ach níl post ar bith le fáil iontu. Tá an turasóireacht in Éirinn ar an dé deiridh is cosúil.
—Chreidfinn é. Bhí mo thuismitheoirí ar laethanta saoire sa Spáinn le gairid, agus deir siad go bhfuil praghsanna in Éirinn a dhá oiread níos daoire ná mar atá siad sa Spáinn.
Saint luchta ghnó, a chailín! Dá mbeadh ciall acu thuigfidís gur á scríosadh féin atá siad. Ach féach, cuirimís an duairceas uainn. Creid é nó ná creid, tá post faighte agam don bheirt againn in óstán i Malaga na Spáinne, an samhradh seo.
—Ó, mo cheol thú. Viva España!

COMHRÁ A DÓ

Feicim go bhfuil Bono, ball de U2, sna ceannlínte arís, a Phádraig.
—Is ea, a Eibhlín. Chonaic mé pictiúr deas daite de sa nuachtán The Irish Times, in éineacht le scéal gur iarradh ar Bhono comórtas a fhógairt d'fhoirgneamh nua. Túr a bheidh ann agus tógfar an túr in aice le habhainn na Life i mBaile Átha Cliath.
Chuala mé freisin go mbeidh stiuideó taifeadta breá nua ag U2 i mbarr an túir, thuas ar an mbarr ar fad. Bí ag caint ar ghalántacht!
—Bhuel, cibé faoi sin, rinne sé ionsaí an-ghéar ar pholaiteoirí in Éirinn. Chuir sé ina leith gur thug siad cead do lucht pleanála príomhchathair na tíre a mhilleadh le foirgnimh ghránna.
Anois, sin rud a thaitníonn liom faoi Bhono: labhrann sé amach go neamheaglach in aghaidh na héagóra, is cuma cén áit ar domhan a mbíonn a leithéid.
—Is fíor duit! Rinne sé an-jab nuair a labhair sé ar son na ndaoine bochta san Afraic, agus nuair a cháin sé na tíortha saibhre faoi na fiacha móra atá acu ar na tíortha bochta inti.
Is ea, agus ní bhfuair sé aitheantas ceart riamh dá bharr anseo in Éirinn.
—Agus nach dtuigeann tú an fáth atá leis sin? Níl polaiteoirí in Éirinn sásta le Bono mar is réalta rac é, agus ní polaiteoir é.

COMHRÁ A TRÍ

An bhfaca tú na fógraí nua atá ar an teilifís faoi shlándáil ar na bóithre, a Eoin?
—Chonac ar an teilifís iad, a Shinéad, ach caithfidh mé a admháil gur tháinig siad idir mé agus codladh na hoíche.
Scanraigh an chéad fhógra mé féin, mar bhí an leaid óg a maraíodh ag féachaint ar an bhfón póca agus gan aird aige ar an trácht. Tá an drochnós sin agam féin, faraor.
—Is é an dara ceann faoi mharú an linbh is mó a chuaigh i bhfeidhm ormsa mar bhí léiriú na timpiste chomh réalaíoch, scanrúil sin. Mharaigh tiománaí an chairr an leanbh agus ghortaigh sé an mháthair go dona mar nach raibh sé ag faire ar an mbóthar amach roimhe. Measaim go bhfuil a leithéid de mhíchúram náireach.

Aontaím leat, ach ní maith liom na fógraí seo mar scanraíonn siad mé. Cuireann an fhuil agus na drochghortuithe as go mór dom.
—Bhuel, is dóigh liomsa nach mbeadh mórán maitheasa leo mura scanróidís daoine leis an bhfírinne a aithint. Is í fírinne an scéil go dtarlaíonn bás agus gortú uafásach de bharr míchúraim ar na bóithre.
B'fhéidir é, ach ar ndóigh, bíonn an fhírinne searbh gan amhras ar bith.

PÍOSA A hAON

Le blianta beaga anuas tá an fhéile mhór cheoil, 'Pléaráca Chonamara', ag dul ó neart go neart. Is é is aidhm don fhéile seo ceol agus rincí Chonamara a chur chun cinn, go háirithe amhránaíocht ar an sean-nós Gaelach. i mbliana, bronnadh gradam an Phléaráca ar Johnny Connolly, ceoltóir agus craoltóir raidió. Mar chruthú ar éifeacht an Phléaráca, tá fás mór tagtha ar líon na ndaoine óga atá ag clárú le haghaidh ranganna ceoil agus ranganna rincí traidisiúnta.

PÍOSA A DÓ

Tuairiscíonn *Nuachtiris an Daingin* gur bhuaigh an tIar-Gharda, Máirtín Ó Sé, deich míle, cúig chéad euro, an duaischiste ba mhó riamh, i lotto an Daingin. Bhí an duaischiste chomh mór is a bhí mar nár bhuaigh duine ar bith é le mí roimhe sin. Ba mhaith le Máirtín an t-airgead a bhuaigh sé a chaitheamh ar thuras timpeall an domhain, in éineacht lena bhean chéile, Eibhlín. Mhol sé coiste an lotto go mór as an obair iontach atá déanta acu sa cheantar.

PÍOSA A TRÍ

Cuireadh comórtas mór idirnáisiúnta sa leadóg ar siúl tamall ó shin san RDS i mBaile Átha Cliath. Ba d'imreoirí gairmiúla ban amháin an comórtas seo agus ghlac seisear den deichniúr imreoir ab fhearr ar domhan páirt ann; ina measc bhí Monica Seles agus Anna Kournikova. Eagraíodh an comórtas ar bhonn foirne idirnáisiúnta agus bhí an bua glan ag an bhfoireann ó Stáit Aontaithe Mheiriceá. Thug Cumann Leadóige na hÉireann tacaíocht don chomórtas ar an gcúis go gcabhródh comórtais dá leithéid le cur chun cinn na leadóige in Éirinn.

The tapes for all the following will be available from your teacher. It is recommended that you make a personal copy of each tape and answer the tests yourself, using the worked examples as a guide.

Cluastuiscint (Aural Test)

Scrúdú na hArdteistiméireachta, 2002

Gaeilge (Gnáthleibhéal)
Triail Chluastuisceana (120 marc)

CUID A

Cloisfidh tú *trí cinn* d'fhógraí raidió sa Chuid seo. Cloisfidh tú gach fógra díobh **faoi dhó**. Beidh sos le scríobh na bhfreagraí tar éis na chéad éisteachta agus tar éis an dara héisteacht.

FÓGRA A hAON   Marcanna

Líon isteach an t-eolas atá á lorg sa ghreille anseo.

An stáisiún raidió atá i gceist	
An chláir nua	
An lá a bheidh an clár ar siúl	
Uimhir theileafóin an léiritheora	

FÓGRA A DÓ   Marcanna

1. (a) Cén contae atá luaite san fhógra?

   _____

   (b) Cén tseirbhís atá i gceist anseo?

   _____

2. (a) Cén táille bliana a bheidh le híoc?

   _____

   (b) Cad a bheidh ar fáil ar théip?

   _____

FÓGRA A TRÍ

Marcanna

Líon isteach an t-eolas atá á lorg sa ghreille anseo.

An duine a chuirfidh tús leis an rás	
An lá a thosóidh sé	
An t-am a thosóidh sé	
Foireann amháin a bheidh sa rás	

CUID B

Cloisfidh tú *trí cinn* de chomhráite sa Chuid seo. Cloisfidh tú gach comhrá díobh **trí huaire**. Cloisfidh tú an comhrá ó thosach deireadh an chéad uair. Ansin cloisfidh tú é ina *dhá mhír*. Beidh sos le scríobh na bhfreagraí tar éis gach míre díobh. Ina dhiaidh sin cloisfidh tú an comhrá ó thosach deireadh arís.

COMHRÁ A hAON

An Chéad Mhír

Marcanna

1. Cé mhéad a chaitheann Sinéad gach seachtain ar an bhfón póca?

2. Cad a chabhraíonn léi an bille a íoc?

An Dara Mír

1. Luaigh dhá áit nár cheart fón póca a bheith ag daoine, dar le Sinéad.

2. Cad a deir Daid le Mam faoin mbille teileafóin?

Cluastuiscint (Aural Test)

COMHRÁ A DÓ

An Chéad Mhír Marcanna

Líon isteach an t-eolas atá á lorg sa ghreille anseo.

Cén duine atá ag iarraidh Sellafield a dhúnadh?	
Cad atá á ndíol ag an duine sin faoi láthair?	
Ainmnigh beirt a gheobhaidh cártaí poist?	(i) (ii)

An Dara Mír Marcanna

1. Luaigh rud amháin a deirtear faoin bPrionsa Charles.

   _____

2. Cén fáth a mbeidh an Prionsa Charles i bponc go luath?

   _____

COMHRÁ A TRÍ

An Chéad Mhír Marcanna

1. Cén comórtas a bheidh ar siúl sa tSeapáin?

   _____

2. Cá mbeidh an scáileán mór teilifíse?

   _____

An Dara Mír Marcanna

1. Cá háit ar an bpáirc a bhfuil na himreoirí is fearr ag foireann na hÉireann, dar le Breandán?

   _____

2. Cén t-imreoir a mbíonn an Camarún ag brath air, dar le Breandán?

   _____

CUID C

Cloisfidh tú *trí cinn* de phíosaí nuachta raidió/teilifíse sa Chuid seo. Cloisfidh tú gach píosa díobh **faoi dhó**. Beidh sos le scríobh na bhfreagraí tar éis na chéad éisteachta *agus* tar éis an dara héisteacht.

PÍOSA A hAON   Marcanna

Líon isteach an t-eolas atá á lorg sa ghreille anseo.

Cén t-ainm atá ar an long?	
Cá raibh na daoine ag dul nuair a fuair siad bás?	
Cén t-ainm atá ar chaptaen na loinge?	
Cá raibh sí ag dul ar a céad turas?	

PÍOSA A DÓ

1. Cá bhfuil na bunscoileanna atá luaite sa tuairisc seo?

   _____

2. Cé mhéad airgid a bailíodh?

   _____

PÍOSA A TRÍ

1. Cad a tharla do Bhreandán Ó Raghallaigh?

   _____

2. Cad atá ar na bileoga atá á scaipeadh ag na Gardaí?

   _____

2002 Tapescript

Léigh anois go cúramach ar do scrúdpháipéar na treoracha agus na ceisteanna a ghabhann le Cuid A.

FÓGRA A hAON

Beidh clár nua Gaeilge ag tosú go luath ar Raidió na Sionainne. Beidh sé ar an aer uair sa tseachtain ar an Aoine ag tosú ag leathuair tar éis a sé tráthnóna. *Sreangscéalta* is teideal don chlár agus is féidir éisteacht leis ar thonnfhad FM a hochtó 's a hocht ciliheirts. Is mar thacaíocht le hobair na n-eagraíochtaí Gaeilge agus le freastal ar phobal na Gaeilge atá an clár á chraoladh. Beidh fógraí, ceol agus agallaimh le daoine atá i mbéal an phobail ar an gclár. Is féidir teagmháil le léiritheoir an chláir ag 0406-667788 nó tríd an ríomhphost ag Sreangscealta@RaidioS.ie. Is Gaeilge ar fad a bheidh á labhairt ar an gclár.

FÓGRA A DÓ

Fógraíonn Comhairle Contae an Chláir tús le seirbhís nua leabharlainne do cheantair iargúlta. Táthar ag tabhairt 'An Leabharlannaí Taistil' ar an tseirbhís nua seo. Tabharfaidh veain mhór na leabharlainne cuairt ar sráidbhailte agus ar thithe aonair uair sa tseachtain. Déanfar cúram ar leith de leabhair do pháistí agus beidh béim freisin ar leabhair nuafhoilsithe idir Ghaeilge agus Bhéarla. Beidh fáil freisin ar rogha mhaith de leabhair ar téip. Cosnóidh ballraíocht sa leabharlann nua tríocha euro in aghaidh na bliana.

FÓGRA A TRÍ

Cuirfidh an Taoiseach Bertie Ahern tús Dé Domhnaigh seo chugainn le Slógadh Rothaíochta na hÉireann. Déanfaidh comhlacht Nissan urraíocht ar an rás. Beidh an rás ag tosú ag meán lae ó Ard-Oifig an Phoist i mBaile Átha Cliath. Is rás mór idirnáisiúnta é seo agus i mbliana beidh foirne ón Rúis agus ó thíortha na mBalcán ag glacadh páirte ann. Tabharfaidh Nissan níos mó poiblíochta don Slógadh i mbliana mar iarracht leis an drochchlú a tharraing mí-úsáid drugaí ar an spórt a chealú. Beidh Mícheál Ó Searcaigh, Gaillmheach agus Gaeilgeoir, i gceannas ar fhoireann na hÉireann. Beidh tuairisc ar gach céim den rás ar RTÉ ar a seacht a chlog gach tráthnóna.

COMHRÁ A hAON

Cé mhéad a chaitheann tú ar an bhfón póca sin gach seachtain, a Shinéad?
—Braitheann sé, ach caithim níos mó ná deich euro air in aghaidh na seachtaine. Cad fút féin?
Bhuel, tá sé beagáinín níos ísle ná sin ach, ar ndóigh, nílim chomh cainteach leatsa!
—Caithfidh mé a admháil go mbeinn briste aige mura mbeadh an jab deireadh seachtaine agam.

Cuireann sé as domsa go mór, a Shinéad, go bhfuil bac ar fhóin póca i mbeagnach gach uile áit anois. Féach an straois a thagann ar an bpríomhoide, fiú, nuair a luaitear fón póca leis.
—Bhuel, caithfidh mé a rá go bhfuil mé i bhfabhar bac orthu in áiteanna poiblí áirithe. Tá sé an-drochbhéasach gan iad a mhúchadh in áiteanna mar phictiúrlanna agus leabharlanna. Is minic a chuala mé fóin ag bualadh i rith an Aifrinn!
B'fhéidir é. Ach, féach, tá taobh geal amháin leis mar scéal.
—Cad é sin?
An aoibh ainglí a thagann ar m'athair nuair a fheiceann sé ar an bhfón póca mé aige baile. Chuala mé Daid ag rá le Mam nach raibh an bille teileafóin riamh chomh híseal ó cheannaigh sé dom é.

COMHRÁ A DÓ

Cloisim, a Phóil, go bhfuil Ali Hewson, bean chéile Bhono de chuid U2, ag iarraidh stáisiún núicléach Sellafield a dhúnadh.
—Is fíor duit, a Róisín, nach bean mhisniúil í? Tá sí ag iarraidh ar mhuintir na hÉireann cártaí poist a cheannach agus a chur chuig Tony Blair, Norman Askew agus an Prionsa Charles. Cuireann na cártaí seo in iúl don triúr an dochar uafásach atá á dhéanamh ag Sellafield don timpeallacht.
Ní hamháin sin, a Phóil, ach luann siad an baol a ghabhann leis agus timpiste nó ionsaí air, b'fhéidir ó sceimhlitheoirí.
—Luann cinnte. Is maith an beartas é. Ach tá rud amháin nach dtuigim. Cén fáth ar roghnaíodh an Prionsa Charles? Tá a fhios ag an saol go bhfuil an fear bocht sin faoi smacht iomlán ag na polaiteoirí. Ní féidir leis mórán a dhéanamh as a stuaim féin.
Bhuel, is cás leis an bPrionsa Charles caomhnú na timpeallachta. Labhair sé amach go minic cheana faoi fhoirgnimh ghránna i Londain, agus bheadh neart morálta ag dul lena mbeadh le rá aige. Beidh sé i bponc ceart nuair a thiocfaidh an t-uafás cártaí ó mhuintir na hÉireann anuas air. Beidh brú mór air labhairt amach.
—An bhfuil teorainn, a Róisín, le seiftiúlacht na mban?

COMHRÁ A TRÍ

Bhuel, a Bhreandáin, beimid ag glacadh páirte i gcomórtas Chorn an Domhain arís, agus tá an chreidiúint go léir ag dul do Mick MacCarthy.
—Is fíor duit, a Áine, ach is mór an trua go mbíonn na cluichí á n-imirt chomh fada sin ó bhaile, sa tSeapáin.
Is trua é ceart go leor, ach nach mbeidh na cluichí go léir ar an teilifís?
—'Sea, beidh, agus dá bhrí sin beidh orainn a bheith inár suí go luath, i dtigh Chaoilinne, le háit mhaith a fháil os coinne an scáileáin mhóir.
Ach anois chuig an bpointe: an bhfuil seans ar bith againn in éadan Chamarún?
—Tá seans iontach againn. Ar an chéad dul síos, tá imreoirí i bhfad níos fearr againne i lár na páirce. Rud eile, ní bheidh an teas chomh láidir agus a bhí i Meicsiceo.

Cluastuiscint (Aural Test)

Ach beidh sé te agus tais, a Bhreandáin, agus tá foireann Chamarún cleachta ar a leithéid.
—Ach bíonn laigeacht eile ar imirt Chamarún. Bíonn siad ag brath barraíocht ar an lántosaí Patrick Mboa agus tá ár lánchúlaí ar dheis ar an imreoir is fearr san Eoraip.
'By dad', is fíor a deir siad fútsa, is duine suairc tú gan dabht ar bith!

Léigh anois go cúramach ar do scrúdpháipéar na treoracha agus na ceisteanna a ghabhann le Cuid C.

PÍOSA A hAON

Dhein an long seoil an Jeanie Johnston a céad turas farraige le déanaí. Tógadh an long seoil in ómós na ndaoine a fuair bás aimsir an Ghorta le linn dóibh a bheith ag dul ar imirce go Meiriceá. Thug an captaen, Mike Forward, tuairisc bhreá ar mar a oibríonn an long le linn an turais ón bhFianait go Cuan Chorcaí. Tá sé beartaithe an long a sheoladh go Meiriceá i gcuimhne ar na himircigh go léir a cailleadh ar an turas farraige sin le linn an Ghorta Mhóir.

PÍOSA A DÓ

Tá cuntas i nuachtlitir Choláiste Chiaráin faoi fheachtas mór a chuir mic léinn an choláiste ar siúl le deireanaí. Ba é aidhm an fheachtais airgead a bhailiú do bhunscoileanna i Ruanda san Afraic. Tá na bunscoileanna seo faoi stiúradh na mBráithre Críostaí sa tír sin. Bailíodh sé mhíle euro i rith an fheachtais. Reáchtáladh comórtais peile agus cispheile, dioscónna, taispeántais freisin agus a lán imeachtaí eile. Cuireadh críoch leis an bhfeachtas le seisiún mór ceoil in Óstán Ghreville sa bhaile.

PÍOSA A TRÍ

Tá tuairisc eisithe ag ceannasaí na nGardaí i mBaile an Chabháin faoi dhéagóir atá ar iarraidh le seachtain. Breandán Ó Raghallaigh an t-ainm atá air agus chonacthas é den uair dheireanach taobh amuigh de theach tábhairne ar an mbaile. Tá bileoga á scaipeadh a bhfuil pictiúr agus eolas suntasach faoi Bhreandán orthu mar áis le heolas faoi a bhailiú. Tá imní mhór ar na Gardaí faoi Bhreandán de bharr nár chuala a mhuintir scéal ar bith uaidh le seachtain.

Scrúdú na hArdteistiméireachta, 2001

Gaeilge (Gnáthleibhéal)
Triail Chluastuisceana (120 marc)

CUID A

Cloisfidh tú *trí cinn* d'fhógraí raidió sa Chuid seo. Cloisfidh tú gach fógra díobh **faoi dhó**. Beidh sos le scríobh na bhfreagraí tar éis na chéad éisteachta **agus** tar éis an dara héisteacht.

FÓGRA A hAON   Marcanna

Líon isteach an t-eolas atá á lorg sa ghreille anseo.

An t-ainm atá ar an gclár teilifíse seo	
An oíche a bheidh sé ar siúl	
An t-am a thosóidh sé	
An méid iarrthóirí a bheidh ar gach clár	

FÓGRA A DÓ   Marcanna

1. (a) Cén post atá i gceist anseo?

   _____

   (b) Cad é an dáta deireanach do na hiarratais?

   _____

2. (a) Cén áit ina mbeidh tú ag obair an chéad bhliain?

   _____

   (b) Cad é an tuarastal (pá) atá i gceist?

   _____

FÓGRA A TRÍ   Marcanna

Líon isteach an t-eolas atá á lorg sa ghreille anseo.

An rud a osclóidh an tAire amárach	
An baile atá i gceist	
An méid airgid a chosain sé an rud seo a thógáil	
An táille (méid airgid) sa bhliain a íocfaidh daoine fásta	

CUID B

Cloisfidh tú *trí cinn* de chomhráite sa Chuid seo. Cloisfidh tú gach comhrá díobh **trí huaire**. Cloisfidh tú an comhrá ó thosach deireadh an chéad uair. Ansin cloisfidh tú é ina *dhá mhír*. Beidh sos le scríobh na bhfreagraí tar éis gach míre díobh. Ina dhiaidh sin cloisfidh tú an comhrá ó thosach deireadh arís.

COMHRÁ A hAON

An Chéad Mhír   Marcanna

1. Cén áit ina bhfuil Eibhlín ag obair an samhradh seo?

   _____

2. Cén post ba mhaith léi tar éis na hArdteistiméireachta?

   _____

An Dara Mír

1. Cé a chabhraigh le Pádraig lena phost a fháil dó?

   _____

2. Cén áit sa stáisiún raidió seo ina mbíonn Pádraig ag obair?

   _____

COMHRÁ A DÓ

An Chéad Mhír Marcanna

Líon isteach an t-eolas atá á lorg sa ghreille anseo.

Cén duine a bhfuil Breandán ag iarraidh labhairt leis?	
Cá bhfuil an duine sin faoi láthair?	
Cén t-ainm atá ar an gclár atá i gceist?	
Cathain a bhí an clár sin ar siúl?	

An Dara Mír Marcanna

1. Luaigh rud **amháin** a deirtear faoi Sheán.

   _____

2. Cad a dhéanfaidh Breandán maidin amárach?

   _____

COMHRÁ A TRÍ

An Chéad Mhír Marcanna

1. Cén áit ina bhfuil Brian Ó Domhnaill faoi láthair?

   _____

2. Cad a tharla ar an mbóthar go Gaoth Dobhair aréir?

   _____

An Dara Mír

1. Cén áit ina raibh sé ag iarraidh dul an Fómhar seo chugainn?

   _____

2. Cén fáth a bhfuil na Gardaí ag iarraidh labhairt le Brian?

   _____

Cluastuiscint (Aural Test)

CUID C

Cloisfidh tú *trí cinn* de phíosaí raidió/teilifíse sa Chuid seo. Cloisfidh tú gach píosa díobh **faoi dhó**. Beidh sos le scríobh na bhfreagraí tar éis na chéad éisteachta *agus* tar éis an dara héisteacht.

PÍOSA A hAON

Líon isteach an t-eolas atá á lorg sa ghreille anseo.

Cén coláiste atá i gceist anseo?	
Cén áit ina bhfuil an coláiste?	
Ainmnigh duais amháin a bhuaigh Niamh.	
Cén obair atá ar siúl aici anois?	

PÍOSA A DÓ

1. Cad atá ar taispeáint san óstán seo?

   _____

2. Cén Ghaeltacht atá i gceist anseo?

   _____

PÍOSA A TRÍ

1. Cad é an rud a sheol Eoghan Mac Aodha aréir?

   _____

2. Ainmnigh rud **amháin** atá le léamh sa rud seo.

   _____

2001 Tapescript

Léigh anois go cúramach ar do scrúdpháipéar na treoracha agus na ceisteanna a ghabhann le Cuid A.

FÓGRA A hAON

Seo fógra ó TG4. Beidh an clár teilifíse '90 Soicind' ar siúl oíche Dé Céadaoin seo chugainn ag tosú ar a seacht a chlog. 'Sé Tomás Ó Brannagáin a chuirfidh an clár seo i láthair. Triúr iarrthóirí a bheidh ag freagairt na gceisteanna gach oíche. An phríomhdhuais atá le buachaint ná saoire coicíse a chaitheamh in áit álainn thar lear. Más spéis leat a bheith páirteach sa chlár seo níor mhór glaoch ar léiritheoir an chláir ag 01 234765.

FÓGRA A DÓ

An bhfuil suim agat i bpost mar Leabharlannaí? Má tá cuir foirm iarratais chugamsa—An Príomhleabharlannaí, Comhairle Chontae na Gaillimhe—roimh an séú lá de Mheitheamh. Caithfidh teastas ollscoile sa leabharlannaíocht, taithí shásúil ag obair i leabharlann agus ardchaighdeán Gaeilge a bheith agat. Beidh tú ag obair i nGaillimh an chéad bhliain—áit a gcuirfear traenáil chuimsitheach ar fáil. Ina dhiaidh sin beidh tú ag obair i gceithre cinn de na leabharlanna atá i nGaeltacht Chonamara. Fiche míle punt an tuarastal atá i gceist.

FÓGRA A TRÍ

Fosclóidh an tAire Tuarasóireachta agus Spóirt ionad nua spóirt i Leitir Ceanainn amárach. Tógadh an t-ionad seo le cabhair airgid ó Chomhairle Spóirt na hÉireann, ón gCrannchur Náisiúnta agus ó Údarás na Gaeltachta. Chosain an foirgneamh trí mhilliún punt. Dúirt urlabhraí ón ionad go bhfuil siad ag súil go mbainfidh muintir Dhún na nGall úsáid an-mhaith as na háiseanna ann. Caoga punt sa bhliain an táille a íocfaidh daoine fásta ach ní bheidh tada le híoc ag daltaí scoile.

Léigh anois go cúramach ar do scrúdpháipéar na treoracha agus na ceisteanna a ghabhann le Cuid B.

COMHRÁ A hAON

A Eibhlín, an bhfuil post samhraidh faighte fós agat?
—Tá, a Phádraig. Táim ag obair in Ospidéal Naomh Séamas i gCorcaigh.
Cad a bhíonn ar siúl agat ansin?
—Bím ag freastal ar na hothair atá an-sean agus an-tinn sna bardaí ar an 3ú hurlár.
Uth! Conas a thaitníonn sé sin leat?
—Ó, is breá liom é. Táim chun cúrsa leighis a dhéanamh i gColáiste na Tríonóide tar éis na hardteistiméireachta mar ba mhaith liom a bheith i mo dhochtúir.
Ó, go maith.
—Agus tá taithí iontach á fáil agam ar obair dochtúra san ospidéal seo.
Ag obair le Raidió an Daingin atáim féin.
—Wow! Conas a d'éirigh leat é sin a fháil?
Tá m'aintín ina cathaoirleach ar bhord bainistíochta an stáisiúin raidió agus is dócha gur chabhraigh sé sin liom.
—Bí cinnte de! Cad a bhíonn ar siúl agat ann?

Ag obair i seomra na Nuachta a bhím. Bíonn orm an nuacht áitiúil a bhailiú i dtosach, í a aistriú go Gaelainn ansin agus ina dhiaidh sin í a chlóscríobh don léitheoir nuachta.

COMHRÁ A DÓ

Haileo.
—Síle anseo, an t-oifigeach caidreamh poiblí.
Breandán Ó Sé anseo. Tá mé ag iarraidh labhairt le Pól Ó Gallchóir, Ceannasaí TG4, go beo!
—Ní féidir. Tá sé ag cruinniú i nGaillimh faoi láthair.
Is cuma liom.
—Tá aiféala orm ach tá cruinniú práinneach aige leis an Aire faoi chúrsaí airgeadais agus ní féidir cur isteach air. An féidir liomsa cabhrú leat?
Is mian liom gearán a dhéanamh leis faoin gclár brocach salach sin *Ros na Rún* a bhí ar siúl tráthnóna inniu.
—*Ros na Rún?*
Bhí mé féin agus mo mhac Seán ag féachaint air. Anois, níl Seán ach seacht mbliana déag agus is dalta Ardteistiméireachta é i gColáiste Mhuire. Bhí orm an teilifís a mhúchadh sa gcaoi nach bhfeicfeadh sé a leithéid de shalachar.
—Cén salachar?
Nach bhfaca tú na rudaí uafásacha a bhí ar siúl ag an mbeirt sin tráthnóna?
—Ní fhaca mise aon salachar air.
Á, mar a chéile ar fad sibh. Maidin amárach tá mise chun litir a scríobh chuig an Aire Síle de Valera. Sin í an cailín a chuirfidh deireadh leis an salachar seo. Slán.

COMHRÁ A TRÍ

A Nóra, ar chuala tú go bhfuil Brian Ó Domhnaill san ospidéal i Sligeach?
—Ó, a Eoghain, níor chuala, cad é atá air?
Tá a chloigeann gortaithe go han-dona agus tá a chos briste i dtrí áit.
—Agus cad é mar a tharla sé sin dó?
Bhí timpiste ghluaisteáin aréir aige ar an bhóthar go Gaoth Dobhair.
—Dúirt m'athair go raibh an bóthar an-dainséarach aréir.
Is cosúil go raibh Brian ag tiomáint an-ghasta timpeall an choirnéil. Bhí leac oighir ar an phíosa sin den bhóthar agus ní raibh sé ábalta an gluaisteán a stiúradh dá bharr agus bhuail sé faoi chlaí ard.
—Ní bheidh sé ábalta dul go dtí Ollscoil Bhaile Átha Cliath mar sin chun cúrsa innealtóireachta a dhéanamh.
Huh. Dúirt na dochtúirí go dtógfadh sé dhá bhliain ar a laghad sula mbeadh sé ábalta staidéar a dhéanamh.
—Ó, an créatúr bocht!
Ach tá an scéal níos measa ná sin. Dúradh go raibh sé ar meisce agus é ag tiomáint agus tá na Gardaí ag iarraidh labhairt leis faoi na taibléidí ecstasy a bhí sa charr aige.

PÍOSA A hAON

Ócáid speisialta a bhí i gColáiste na nGardaí Síochána sa Teampall Mór aréir nuair a bhronn an eagraíocht Stáit—Foras na Gaeilge—duais ar an nGarda Niamh Nic Thaidhg. Bronnadh bonn airgid agus scoláireacht i gceantar Gaeltachta uirthi. Bronnadh iad seo uirthi mar gurb í Niamh an scoláire is mó a léirigh suim sa Ghaeilge le linn chúrsa oiliúna na nGardaí. As an Muileann gCearr di ó dhúchas ach tá sí ag obair mar Gharda sa stáisiún Gardaí i gCluain Meala faoi láthair.

PÍOSA A DÓ

Tá taispeántas ealaíne ar siúl in Óstán Bhá Charna faoi láthair. Caoga pictiúr atá ar taispeáint ann a rinne na mná atá ag freastal ar scoil ealaíne Charna. Dhá bhliain ó shin chuir daoine as ceantar Charna, a raibh spéis acu tabhairt faoin bpéintéireacht, Scoil Ealaíne Charna ar bun. Eagraíonn an scoil cúrsaí péintéireachta i rith na bliana agus is é an t-ealaíontóir cáiliúil, Cathal ó Máille, atá i mbun teagaisc. Radharcanna tíre Chonamara agus nósanna beatha Ghaeltacht Chonamara na téamaí is mó atá sna pictiúir.

PÍOSA A TRÍ

Sheol an t-iriseoir, Eoghan Mac Aoidh, iris nua faisin i mBaile Átha Cliath aréir. Díríonn an iris seo ar na héadaí faiseanta a chaitheann mná na hÉireann agus ar chúrsaí áilleachta. Tá altanna breátha inti a bhaineann le faisean na bhfear fosta. 150 leathanach atá san iris agus grrianghrafanna atá ar chaighdeán an-ard ar gach leathanach díobh. Taitneoidh na haltanna faoi réaltaí scannáin agus teilifíse go mór le daoine óga. Táthar ag súil go mbeidh níos mó le feiceáil faoin tionscal dúchasach faisin sa chéad eagrán eile.

Scrúdú na hArdteistiméireachta, 2000

Gaeilge (Gnáthleibhéal)
Triail Chluastuisceana (120 marc)

CUID A

Cloisfidh tú *trí cinn* d'fhógraí raidió sa Chuid seo. Cloisfidh tú gach fógra díobh **faoi dhó**. Beidh sos le haghaidh scríobh na bhfreagraí tar éis na chéad éisteachta agus tar éis an dara héisteacht.

Cluastuiscint (Aural Test)

FÓGRA A hAON   Marcanna

Líon isteach an t-eolas atá á lorg sa ghreille anseo.

An oíche a bheidh an díolach án ar siúl	
An t-am a thosóidh sé	
Rud amháin a bheidh ar díol ann	
An méid airgid ba mhaith leo a bhailiú	

FÓGRA A DÓ   Marcanna

1. (a) Cén uair a bheidh an clár raidió seo á chraoladh?

   _____

   (b) Luaigh rud amháin a chaithfidh a bheith ag an iarratasóir.

   _____

2. (a) Cén t-ainm atá ar an stáisiún raidió?

   _____

   (b) Luaigh rud amháin a mbeidh déagóirí ag caint faoi.

   _____

FÓGRA A TRÍ   Marcanna

Líon isteach an t-eolas atá á lorg sa ghreille anseo.

An rud a bheidh ar siúl Déardaoin	
An dáta a bheidh sé ar siúl	
An méid bliain atá an raidió ar an aer	
An méid duine a éisteann leis gach lá	

CUID B

Cloisfidh tú trí cinn de chomhráite sa Chuid seo. Cloisfidh tú gach comhrá díobh **trí huaire.** Cloisfidh tú an comhrá ó thosach deireadh an chéad uair. Ansin cloisfidh tú é ina dhá mhír. Beidh sos le haghaidh scríobh na bhfreagraí tar éis gach míre díobh. Ina dhiaidh sin cloisfidh tú an comhrá ó thosach deireadh arís.

COMHRÁ A hAON

An Chéad Mhír   Marcanna

1. Cén sórt cláir é 'Ó Bhun go Barr'?

   _____

2. Cén áit ina raibh Seán ag obair anuraidh?

   _____

An Dara Mír   Marcanna

1. Cén sórt leabhair is maith le Máire a léamh?

   _____

2. Cad é an dáta deireanach do na hiarratais?

   _____

COMHRÁ A DÓ

An Chéad Mhír   Marcanna

Líon isteach an t-eolas atá á lorg sa ghreille anseo.

Cathain a rinne Maidhc an scrúdú?	
Ar éirigh leis sa scrúdú?	
An rud a tharla dó i Sráid na Siopaí	
An chathair ina raibh an scrúdú aige	

Cluastuiscint (Aural Test)

An Dara Mír Marcanna

1. Luaigh damáiste amháin a rinne sé.

   _____

2. Cé a bhí sa charr eile?

   _____

COMHRÁ A TRÍ

An Chéad Mhír Marcanna

1. Cén tír ina mbeidh Nóra ag dul ar a laethanta saoire?

   _____

2. Luaigh rud amháin a chuala sí faoin gcéad chathair a mbeidh sí ar cuairt inti.

   _____

An Dara Mír

1. Tá gaolta ag Nóra ina gcónaí sa dara cathair. Cé hiad na gaolta sin?

   _____

2. Cad a dhéanann siad sa mhonarcha?

   _____

CUID C

Cloisfidh tú trí cinn de phíosaí nuachta raidió/teilifíse sa Chuid seo. Cloisfidh tú gach píosa díobh faoi dhó. Beidh sos le haghaidh scríobh na bhfreagraí tar éis na chéad éisteachta agus tar éis an dara héisteacht.

PÍOSA A hAON

Líon isteach an t-eolas atá á lorg sa ghreille anseo.

Cé a sheol an comórtas?	
Cén t-ainm atá ar an gcomórtas?	
Cad a bheidh le scríobh ag na daltaí?	
Ainmnigh duais amháin a bheidh le buachan	

PÍOSA A DÓ

1. Cé a d'oscail Óstán Inis Meáin go hoifigiúil inné?

   _____

2. Cad a bhí ar siúl san óstán oíche aréir?

   _____

PÍOSA A TRÍ

1. Cá raibh an cailín inné?

   _____

2. Cad a bhí ar siúl aici taobh amuigh den chlub óige Oíche Shamhna?

   _____

2000 Tapescript

FÓGRA A hAON

Seo fógra faoi dhíolachán earraí a bheidh ar siúl san Ionad Pobail oíche Dé Céadaoin seo chugainn, ag tosú ar a leathuair tar éis a seacht. I measc na rudaí a bheidh ar díol ann beidh téacsleabhair, caiséid cheoil, dlúthdhioscaí, físeáin agus éadaí faiseanta. Coiste Tuismitheoirí na Pobalscoile atá á eagrú seo agus ba mhaith leo cúig mhíle punt a bhailiú chun ríomhairí agus bogearraí nua a cheannach don Phobalscoil. B'fhiú go mór dul ann.

FÓGRA A DÓ

An bhfuil suim agat i bpost mar láithreoir ar chlár raidió a chraolfar sa bhFómhar? Bhuel, má tá Gaeilge líofa agat agus tuiscint mhaith agat ar dhéagóirí, cuir d'iarratas chuig: An Rannóg Phearsanra, Raidió na Gaeltachta, Conamara. B'fhéidir gur tú a bheas mar láithreoir ar an gclár nua, Cead Cainte, ina mbeidh déagóirí ag caint faoi na fadhbanna atá acu, faoi chúrsaí ceoil agus faisin agus faoi imeachtaí a mbeadh spéis ag déagóirí iontu. Bígí ag scríobh!

FÓGRA A TRÍ

Beidh ceolchoirm cheiliúrtha ar siúl sa chlub oíche SULT Déardaoin an t-ochtú lá déag de mhí na Samhna. Beidh Raidió na Life ag ceiliúradh dhá rud an oíche sin—sé bliana a bheith caite acu ar an aer agus ceadúnas nua craoltóireachta a bheith díreach faighte acu. Stáisiún pobail é an stáisiún raidió seo a dhéanann

Cluastuiscint (Aural Test)

freastal ar Ghaeilgeoirí Bhaile Atha Cliath. Tuairim is 20,000 duine a bhíonn ag éisteacht leis gach lá agus bíonn sé ag craoladh beo seasca uair an chloig sa tseachtain.

COMHRÁ A hAON

A Sheáin, an bhfaca tú na postanna atá fógartha ag POP TV don chlár Ó BHUN GO BARR, an clár ceoil ar TG4?
—Ní fhaca. Cén sórt postanna atá fógartha acu?
Tá teicneoirí, taighdeoirí agus láithreoirí ag teastáil uathu.
—Ó, ba bhreá liomsa post mar theicneoir. Tá teastas do theicneoirí faighte agam ón Institiúid Teicneolaíochta i dTrá Lí.
Agus bhí tú ag obair i siopa teilifíseáin agus ríomhairí anuraidh. Tá taithí agat ar ríomhairí agus ar fhíseáin a dheisiú dá bharr.
—Cad fútsa, a Mháire? An bhfuil tusa chun cur isteach ar phost éigin acu?
Táim. Thaitneodh post mar thaighdeoir liom. Is breá liom leabhair faoi chúrsaí ceoil agus faoi cheoltóirí a léamh.
—An bhfuil cáilíochtaí ag teastáil uait don bpost sin?
Bhuel, tá saineolas ar chúrsaí popcheoil agus scileanna riaracháin riachtanach.
—Nár dhein tusa cúrsa riaracháin oifige le hÚdarás na Gaeltachta anuraidh?
Dhein mé. Ach caithfimid deifir a dhéanamh.
—Cad ina thaobh?
Caithfidh na foirmeacha iarratais a bheith ag POP TV roimh an bhfichiú lá de Mheitheamh.

COMHRÁ A DÓ

A Mhaidhc, cén chaoi ar éirigh leat sa scrúdú tiomána maidin inniu?
—Níor éirigh liom, a Cháit—rinne mé baileabhair dhe. Ach tá náire orm faoi rud amháin . . .
Ó?
—Bhí timpiste agam.
Ó, a Thiarna!
—Ag tiomáint síos Sráid na Siopaí i nGaillimh, nár bhuail mé faoi charr eile a bhí romham!
Cén chaoi a tharla sé sin?
—Nach bhfaca mé Síle Nic Mhathúna ar an tsráid!
Sin í an cailín rí-álainn sa séú bliain a bhfuil tú i ngrá léi ach nach bhfuil a fhios ag Síle é sin.
—Is í. Tháinig meangadh álainn uirthi nuair a chonaic sí mé agus sméid sí orm.
Agus?
—Thóg mé mo shúile den bhóthar chun breathnú i gceart uirthi nuair a chuaigh mé isteach glan i dtóin an chairr a bhí romham.
An ndearna tú mórán damáiste?
—Bhris mé na soilse cúil ar fad agus lúb mé an roth deiridh, ach tá an scéal níos measa.

Tuige?
—Athair Shíle a bhí sa gcarr romham. Bhí míthuiscint orm—ní ormsa a sméid Síle ach ar a hathair.

COMHRÁ A TRÍ

Chuala mé go bhfuil tú chun cúpla mí a chaitheamh san Astráil ar laethanta saoire, a Nóra.
—An tseachtain seo chugainn beidh mé i dtír na gcangarúnna. Tá mé chun cuairt a thabhairt ar chathair Sydney ar dtús. Chuala mé go bhfuil an chathair sin an-ghlan agus go bhfuil muintir Sydney an-chairdiúil.
Is dóigh go rachaidh tú chuig na Cluichí Oilimpeacha ansin.
—Cinnte! Ach is é an fáth speisialta atá agam a dhul ann ná chun mo chara Éadaoin Ní Challaráin as an Spidéal a fheiceáil ag iomaíocht sa chomórtas kayacadóireachta.
An bhfanfaidh tú i Sydney an t-am ar fad?
—Ní fhanfaidh; rachaidh mé chuig cathair Melbourne ina dhiaidh sin.
Ó, sin í an chathair inar bhuaigh Ronnie Delaney—an reathaí cáiliúil as Éirinn—bonn óir sna Cluichí Oilimpeacha i 1956. Ach cén fáth a rachaidh tú go Melbourne?
—Bhuel, tá uncail agus col ceathracha agam ann agus ba mhaith liom cuairt a thabhairt orthu. Tá monarcha troscáin acu ann. Táirgeann siad troscán oifige.
An rachaidh tusa ag obair ann?
—Ní rachaidh, leoga: ag spaisteoireacht nó ag déanamh bolg le gréin a bheidh mise!

PÍOSA A hAON

Dé Céadaoin seo caite sheol an tAire Oideachais agus Eolaíochta comórtas do dhaltaí iarbhunscoile. *Aon Scéal?* an t-ainm atá ar an gcomórtas seo a bhfuil Bord na Gaeilge ag déanamh urraíochta air. Beidh ar ghrúpaí de dhaltaí iarbhunscoile dráma an-ghearr a scríobh bunaithe ar an sobalchlár *Ros na Rún* a léirítear ar TG4. Ceamairí agus lá a chaitheamh san áit ina ndeintear *Ros na Rún* na duaiseanna atá le buachtaint.

PÍOSA A DÓ

In Inis Meáin, Árainn, inné, d'oscail Gráinne Seoige ó Nuacht TV3 Óstán Inis Meáin go hoifigiúil. Tógadh an t-óstán seo, an t-aon óstán ar an oileán, chun freastal ar ghnó na turasóireachta san oileán. Bhí baint mhór ag Comharchumann Inis Meáin leis an bhforbairt seo. D'eagraigh Bernadette Ní Fhlatharta, úinéir an óstáin, seisiún mór ceoil agus amhránaíochta don oíche aréir. Tá dlúthbhaint ag Gráinne Seoige leis an oileán seo mar tá gaolta léi ina gcónaí ann.

PÍOSA A TRÍ

Tugadh cailín, fiche bliain d'aois, os comhair na cúirte i Leitir Ceanainn inné mar gheall ar dhrugaí a bheith ina seilbh aici. Dúirt Garda sa chúirt go bhfaca sé í ag díol drugaí le daoine óga taobh amuigh de chlub óige Oíche Shamhna. Nuair a rinne sé iarracht í a ghabháil rith sí isteach i leithreas na mban agus amach trí chúlfhuinneog ann. Nuair a rug sé uirthi, thóg sí scian amach as a mála agus rinne sí iarracht é a mharú. Leanfar leis an gcás inniu.

Páipéar II — Format

Ceist 1: Prós ainmnithe (55 marks)

Candidates must answer **one question** from the following **five** prescribed prose choices. Please note that there are additional choices at (ii) and (v).
  (i) **An Cearrbhach Mac Cába** (a folklore story)
  (ii) **Coileach Ghleann Phádraig** (a short story)
    OR
    An Bhean Óg (another short story)
  (iii) **Lig Sinn i gCathú** (an extract from a novel)
  (iv) **Fiche Bliain ag Fás** (an extract from an autobiography)
  (v) **Lá Buí Bealtaine** (a play)
    NÓ
    Clare sa Spéir (a 30 minute TG4 TV film)

Ceist 2: Filíocht Ainmnithe (55 mharc)

Candidates must answer **two question** from the following **five** prescribed poetry choices.
  (i) **Gealt**
  (ii) **Níl Aon Ní**
  (iii) **Mo Ghille Mear**
  (iv) **Jack**
  (v) **Faoiseamh a Gheobhadsa**

An cúrsa roghnach próis

Students may choose to study a 'cúrsa roghnach próis' (your own choice of prose) instead of the **'cúrsa ainmnithe próis'**. There will be a set of questions for both the **'cúrsa ainmnithe'** and **'cúrsa roghnach'** on the examination paper, and you may choose to do either.

An tÁbhar Roghnach: Prós
Five pieces of **prose** as indicated on page 132.

Guidelines for Páipéar II

Ceist 1 Prós Ainmnithe (55 mharc)
1. Candidates must attempt **(a) and (b)** in this section.
2. There are **two** parts to **(a)**, 25 marks for **(i)** and 10 marks for **(ii)**.
3. In addition there is an **internal choice** in **(a)**, insofar as candidates are given a choice of doing **one** out of **two** named stories/play/film.
4. In question (a)(i) candidates are usually given a quotation from the **scéal/dráma/scannán** and are required to write a **cuntas** (account) **of what** happens before or afterwards in the **scéal/dráma/scannán**.

   In question **(a)(ii)** candidates are usually required to write about a **particular character** and why they **liked/disliked** the character.

   Candidates might (but not usually) be asked to discuss a téama (theme).
5. In question **(b)** candidates are asked to pick **one** of the remaining **stories/play/film** that have not appeared at **(a)** and discuss a particular **téama**.

   Candidates may also be asked to discuss why they **liked/disliked** a particular story or character. You are usually asked for **dhá fháth** (two reasons). There are **20 marks** for question **(b)**.

Ceist 1 Prós Roghnach (55 mharc)
1. Candidates who choose **Prós Roghnach** must also attempt **(a) and (b).**
2. There are two parts to **(a)** 25 marks for **(i)** and 10 marks for **(ii)**.
3. In addition there is an **internal choice** in **(a),** insofar as candidates are given a choice of doing **one** out of **two** named stories/play/film.
4. In question **(a)(i)** candidates are usually asked to discuss the **main** theme/happenings/storyline/aspect that they liked/disliked.

   Note that there are **2 marks** for naming the **teideal** (title) and **údar** (author).

   In question **(a)(ii)** candidates are usually asked to discuss a character they liked/disliked.
5. In question **(b)** candidates are asked to choose **one** of the remaining stories/play/film that they have studied in their **cúrsa roghnach** that has not appeared at **(a)**. There will be **one** question usually requiring candidates to discuss the **theme** or an aspect/character(s) they liked/disliked.

   There are **20 marks** for question **(b)** and **2** of the marks are for naming the **teideal** and **údar**.

An Cúrsa Ainmnithe or an Cúrsa Roghnach—How to Choose

I'm sure that there are very many students around the country who do not realise that they have a choice of studying a **Cúrsa Ainmnithe** (named course) or a **Cúrsa Roghnach** (your own choice of course). This applies to both **prós** and **filíocht**. The criteria for choosing your own material for **Prós Roghnach** and **Filíocht Roghnach** is outlined on pages 132–3. It is also very important to note that there have been changes made to the way in which this section of the course is examined.

The New Layout
In answering questions on this part of **Páipéar II**, it is important for candidates to note that they **now have the following choices.**

The Choices: Starting with the exam in 2006
When answering examination questions **candidates now** have the following **4 choices to choose from:**

Rogha 1 (Choice 1)	**Prós Ainmnithe agus Filíocht Ainmnithe** *OR*
Rogha 2	**Prós Roghnach agus Filíocht Roghnach** *OR*
Rogha 3	**Prós Ainmnithe agus Filíocht Ainmnithe** *OR*
Rogha 4	**Prós Roghnach agus Filíocht Roghnach**

NB. It is important for teachers and students to note that this is a significant change from previous years and that it gives students a much wider choice in this part of the course.

(i) **Sliocht béaloidis** (a folklore extract)
(ii) **Gearrscéal** (a short story)
(iii) **Giota as úrscéal** (passage from a novel)
(iv) **Giota as Dírbheathaisnéis** (passage from an autobiography)
(v) **Dráma** (a play *or* an extract from a play) *OR* **Scannán Gaeilge** (a film in Irish)

(ii) In choosing material for the **prós roghnach** students should be guided by the length, level and standard of Irish in the **prós ainmnithe.**
(iii) *Themes* (for **prós roghnach**)
- The following criteria should be your guide.
- The subject matter to be interesting and familiar to students.
- The themes to be topical and suited to the syllabus.
- A mixture of **serious** and **light** subject matter.
- Equality between the works of men and women.

(iv) NB *Ábhar nach Bhfuil Inghlactha* (unacceptable material)
- Material will not be accepted from *Díolaim Próis na Meánteistiméireachta*
- Students will not be allowed to use material translated from other languages.

An Cúrsa Roghnach Filíochta
Students may choose to study a **'cúrsa roghnach filíochta'** (your own choice of poetry) instead of the **'cúrsa ainmnithe filíochta'**. As with the prose there will be a set of questions for both the 'cúrsa ainmnithe' and 'cúrsa roghnach' on the examination paper, and you may choose to do either.

An tAbhar Roghnach: Filíocht
The following criteria should be used when choosing material.
 (i) **Cineálacha**
   Five poems to be studied, one of which must be from the period *before* **1850**.
 (ii) In choosing poems students should be guided by the length, level and standard of Irish in the **filíocht ainmnithe.**
 (iii) **Themes**
   - Themes should be interesting, familiar to students, topical, and with a mixture of serious and light material.
   - There should be equality between the works of women and men and music and lyricism should be considered.
 (iv) **Ábhar nach Bhfuil Inghlachta**
   - *NO* poem from *Duanaire na Meánteistiméireachta* will be accepted. Poems translated from other languages are not acceptable.

Ceist 1 (55 mharc)

Prós Ainmnithe

An Cearrbhach Mac Cába

Téama
Coimhlint (conflict) idir an t-olc agus an mhaith is téama don scéal béaloidis seo.

Pearsana
An Cearrbhach Mac Cába
Réice gan scrupall (an unscrupulous rake) ba ea é. Bhíodh sé i gcónaí ag imirt cártaí ach bhí sé an-chliste freisin.

Dia
Bhí sé óg agus dathúil. Bhaist sé an leanbh agus thug sé achainí don Chearrbhach.

An Bás
Bhí sé caol agus fada agus bhí sé an-ghránna.

Príomhphointí an scéil
- Bhí an Cearrbhach beo bocht (very poor) toisc go raibh an-dúil aige (a great fondness) sa chearrbhachas (gambling) agus sna cártaí.
- Chaitheadh sé na laethanta ina chodladh agus na hoícheanta ag imirt cártaí.
- Nuair a rugadh a mhac bhí sé ag imirt cártaí.

- Nuair a bhí sé ag lorg sagart chun an leanbh a bhaisteadh (to baptise) bhuail sé le Dia.
- Dúirt an Cearrbhach le Dia nach raibh fáilte aige roimhe.
- Ina dhiaidh sin bhuail sé leis an mbás agus chuaigh an triúr acu go dtí a theach.
- Bhaist Dia an leanbh agus bhí an Bás ina athair baistí aige.
- D'iarr an Cearrbhach achainí (wish) ar Dhia agus fuair sé trí achainí uaidh.
- Fuair sé bua chearrbhach an domhain (to be an unbeatable gambler) agus bua dhochtúirí an domhain (to be able to cure every illness).
- Fuair sé achainí eile ón mBás, go mbeadh sé ábalta duine tinn a leigheas ach an Bás a bheith ag cosa na leapa.
- Ní bheadh sé in ann duine tinn a leigheas dá mbeadh an Bás ag ceann na leapa.
- Thosaigh an Cearrbhach ag imirt cártaí arís agus d'éirigh sé saibhir (he became rich from playing cards).
- Chuaigh an Cearrbhach go dtí an Spáinn chun fear saibhir a leigheas, ach bhí an Bás ag ceann na leapa.
- Rug an Bás air in áit an fhir a leigheas sé.
- Gheall an Bás (Death promised) nach dtiocfadh sé ar ais go ceann seacht mbliana.
- Nuair a tháinig an Bás ar ais tar éis na seacht mbliana d'imir an Cearrbhach cleas air (he played a trick on him) agus fuair sé seacht mbliana eile.
- Tháinig an Bás ar ais tar éis na seacht mbliana eile ach d'imigh sé arís nuair a dhiúltaigh (refused) an Cearrbhach paidir a rá.
- Chuaigh na seacht mbliana seo thart agus bhuail an Cearrbhach le buachaill óg a dúirt go raibh sé ina dhilleachta (an orphan).
- Thosaigh an Cearrbhach ag múineadh paidir dó ach d'éirigh an Bás as corp an bhuachalla.
- Mharaigh an Bás an Cearrbhach agus chuaigh an Cearrbhach go hifreann (hell).
- Bhuaigh sé ar na diabhail ag imirt cártaí agus chuir siad an ruaig air (they sent him out of hell).
- Lig Naomh Peadar isteach sna flaithis é agus chaith an Cearrbhach na cártaí san aer.
- Tá na cártaí céanna le feiceáil ag geataí na bhflaitheas go fóill.

Leagan Béarla

The gambler McCabe was a poor farmer who loved playing cards and staying up all night. He lost all his money and his wife gave birth in his absence. When he was looking for a priest he met a young person (God). The gambler wouldn't let him baptise the child. He met another person (Death). The three returned to the gambler's house and the child was baptised. The gambler got three wishes, from God, to be unbeatable at cards, to be better than any doctor and to stick people to his apple tree. Then he was granted the power to cure anybody in the world (from Death). The gambler cured a rich Spaniard, thus breaking a promise he made to Death. The gambler got a 7 year reprieve, and several other 7 year reprieves through cleverness. The gambler was finally fooled by Death who choked him. The gambler went straight to Hell but was evicted when he beat all the devils at cards. When St Peter allowed him into heaven, he left his cards outside where they have been since.

CEISTEANNA
1. 'Is mise Dia' arsa an strainséir. 'Pill ar ais agus baistfidh mé do leanbh'. Tabhair **cuntas** ar ar tharla ina dhiaidh sin sa scéal.
2. Cén sórt duine é an Cearrbhach, dar leat? Déan cur síos **gairid air** agus inis cén fáth ar thaitin (*nó* nár thaitin) sé leat (is leor **dhá fháth**).

CEIST AGUS FREAGRA SAMPLACH
Ceist
'Bhí cró tí agus giota talaimh ag an Chearrbhach Mac Cába, cosúil leis an chuid eile de na comharsana, ach má bhí féin, bhí sé beo bocht.'

Cén fáth go raibh an Cearrbhach chomh bocht sin? (10 marc)

Freagra
Bhí sé beo bocht mar chaith sé a chuid ama ag imirt cártaí. Bhí gach rud a bhí aige curtha amú (wasted) ar chearrbhachas. Bhí a chomharsana ag dul chun cinn (making progress) sa saol ach bhí an Cearrbhach ag éirí níos boichte chuile lá. Chaith sé an oíche go léir ag imirt cártaí agus tháinig sé abhaile an lá dár gcionn gan leathphingin ina phóca aige. Fiú nuair a rugadh a mhac bhí sé as láthair ag imirt cártaí in ionad a bheith sa bhaile lena bhean chéile. B'shin an fáth go raibh sé beo bocht.

Gheall an bhean uasal sa Spáinn cófra óir dó ach leigheas a chur ar a fear chéile. Rinne an Cearrbhach amhlaidh agus tugadh an t-ór dó agus ní raibh sé bocht a thuilleadh. Bhí sé ag éirí níos saibhre in aghaidh an lae. Nuair a ligeadh isteach tríd geataí na bhflaitheas é chaith sé na cártaí uaidh agus ní raibh sé bocht go deo arís.

Coileach Ghleann Phádraig
TÉAMA
Tá greann mar théama sa ghearrscéal seo. Chomh maith leis sin tá téamaí eile ann: leigheas agus díoltas.

Pearsana
An Scéalaí
Bean mhéanaosta (middle-aged woman) ba ea an scéalaí a raibh go leor taithí aici mar thréadlia. Bhí sí cineálta agus tuisceanach (kind and understanding).

Jim
Mac léinn (student) ba ea é a bhí ag fáil taithí oibre (work experience).

Sally Tom Mhóir
Bean chainteach (talkative) a chuireann go mór leis an ngreann sa scéal.

Oisín (Coileach Ghleann Phádraig)
Éan breá, bríomhar ba ea an Coileach a bhuaigh bonn óir i Seó an Earraigh.

'An Coilichín' (Fear céile Sally Tom)
Duine cúlánta ciúin ar thaitin príobháideachas leis.

Príomhphointí an scéil
- Bhí clú agus cáil (famous) ar choileach Ghleann Phádraig a bhí in ann fiche cearc a shásamh gan stró.
- Fuair Sally Tom bualadh bos ó lucht an tábhairne agus mhol siad Oisín. Bhuaigh Oisín bonn óir i Seó an Earraigh.
- Bhí díomá ar an gCoilichín mar go raibh cuma lag ar Oisín. Thosaigh na fir óga ag magadh faoi.
- Bhí fear óg, **Jim**, ag cabhrú leis an **Scéalaí**, ach ní raibh eolas praiticiúil aige. Ní raibh Jim in ann fáil amach cad a bhí cearr leis an éan.
- Cheap Sally Tom Mhóir go ndearna duine éigin dochar don éan.
- Dúirt an Coilichín gur mallacht Naomh Pádraig (St Patrick's curse) a bhí ar an éan ach níor chreid Sally Tom scéal na mallachta ach gur víreas a bhí ar an éan.
- Mhol an Scéalaí do Sally Tom agus a céile Oisín a choinneáil ina seomra codlata.
- Cheap Sally Tom go raibh Oisín lag mar gur thug an Coilichín an nimh dó.
- D'aontaigh An Scéalaí agus Sally Tom gur thug an Coilichín an nimh dó.

Leagan béarla (gearr)
Sally Tom lived in Gleann Phádraig with her husband '**An Coilichín**'. She had a cock, Oisín, who was famous for covering 20 hens and winning a gold medal. The storyteller, An Scéalaí (a vet) had a youthful assistant, Jim. When Oisín became ill An Scéalaí could find nothing wrong with him. An Coilichín was convinced that Oisín had St Patrick's curse. An Scéalaí advised Sally Tom and the Coilichín to leave Oisín under the bed when they were love-making. An Scéalaí then told the truth about how she had found yew seeds in Oisín's droppings. She believed that An Coilichín had given the poisonous seeds to Oisín.

Ceisteanna
1. 'Rug Jim air agus bheadh fhios agat ón gcur chuige gur shíl sé an galar a aithint láithreach.'

Tabhair cuntas **gairid** ar an tharla roimhe sin sa scéal seo.
2. Déan cur síos ar an ngaol atá idir **An Scéalaí** agus **Sally Tom Mhóir**.
3. Cén sórt duine é **An Coilichín** (fear céile **Sally Tom Mhóir**).

Ceist agus freagra samplach
Ceist
Cén phearsa (carachtar) is mó sa scéal seo ar chuir tú suim ann/inti? Déan cur síos gairid air/uirthi. Cuir fáthanna le do fhreagra. (Is leor **dhá** fháth.) (10 marc)

Freagra
Is é an carachtar is mó ar chuir mise suim ann sa scéal seo ná **'An Coilichín'** (fear céile Sally Tom). Thaitin sé go mór liom mar go raibh sé ciúin agus cneasta. Ba bhreá leis pionta a ól leis féin mar bhí sé cúthalach agus is minic a bhíodh na fir óga ag magadh faoi.

D'éirigh **An Coilichín** bréan den mhagadh agus bhí sé soiléir domsa nach raibh sé chomh ciúin is a cheap gach éinne agus go raibh sé in ann a fhód a sheasamh. Ba é **an Coilichín** a thug an nimh d'Oisín a mharaigh é mar nach raibh spéis dá laghad ag Sally i dtada ach Oisín. Taispeánann sé seo go raibh sé éadmhar (jealous) agus leithleasach (self-centred).

An Bhean Óg

Téama
Is é téama an ghearrscéil seo ná saol simplí na mbochtán agus an t-uaigneas agus t-éadóchas a bhí ag baint leis an saol a bhí ag an mbean óg.

Pearsana
An Bhean Óg
Bhí sí óg agus dílis ach bhí sí beo bocht (very poor). Bhí saol ainnis, cráite aici (a miserable life) agus bhí sí i gcónaí tuirseach agus lag.

An Fear Céile
Níl mórán eolais sa scéal faoi ach amháin go raibh sé éirimiúil (intelligent) agus intleachtúil (intellectual).

An Cailín Óg
Cailín deas, cliste. B'aoibhinn léi bheith ag súgradh cois farraige.

An Gasúr Óg
Bhí sé níos óige agus bhí a mháthair ag ceapadh go raibh sé simplí. Ní raibh caint aige go fóill.

Príomhphointí an scéil
- Théadh an **bhean óg** agus a leanaí cois farraige go luath gach lá.
- Fad a bhí na páistí ag súgradh cois farraige rinne sí iarracht an leabhar 'The Co-operative Movement in Great Britain' a léamh.
- Bhí an-spraoi ag na páistí san uisce agus rinne sí a lán cainte leo.
- Bhí sí ag iarraidh a n-intinn a spreagadh.
- Ba stróinséir sa cheantar í agus ní raibh cairde ar bith aici.
- Níor chreid sí i nDia (didn't believe in God).
- Níor thaitin obair an tí léi agus ní raibh cócaireacht nó fuáil go ró-mhaith aici.
- Bhí an bhean óg tuirseach agus lag ach bheadh uirthi béile blasta a ullmhú agus an teach a bheith glan néata nuair a thiocfadh a fear céile abhaile um thráthnóna.
- Ach bhí sí dílis dó cé gur bheag dóchas (little hope) a bhí aici.

Leagan béarla (gearr)
The young woman and her family used to go to the beach early in the morning. As they were a very poor family they had only bread, jam and milk for lunch. She was very thin and weak and tried to read while the children played. The locals acknowledged her but did not speak to her. She looked after her son and daughter very well but thought the little boy was a bit simple. Her husband was an intelligent man and wanted her to be likewise so she wrote him letters each day. He was away in the city for a few days and was coming home that night. He was expecting a nice, bright home and a nice bright wife, with a tasty meal ready for him, but she was not a good cook and didn't like housework. Her husband didn't like her with make-up. She led a truly desolate life.

Ceisteanna
1. 'Dhein sí a lán cainte leis na leanaí, cé nach raibh caint ach ag an ngearrchaile fós'.
   Tabhair cuntas ar an aire a thug **An Bhean Óg** do na leanaí a bhí aici.
2. 'Ceathrú míle slí agus teas cheana féin sa ghréin ar an dtráth sin de mhaidin Mí Lúnasa'. Tabhair cuntas ar ar tharla ina dhiaidh sin sa ghearrscéal.
3. Cén fáth ar thaitin *nó* nár thaitin an scéal seo leat?
   (Is leor **dhá fháth.**)

Ceist agus freagra samplach
Ceist
Cén sórt duine í an bhean óg, dar leat. Déan cur síos gairid uirthi agus inis cén fáth ar thaitin (nó nár thaitin) sí leat. (Is leor **dhá fháth.**) (10 marc)

Freagra
Bhí an bhean óg dílis agus bhí sí beo bocht. Bhí saol ainnis aici agus bhí sí beagnach i gcónaí tuirseach agus lag. Thaitin an bhean óg liom agus seo iad an dhá fháth is mó gur thaitin sí liom.

- Ar an gcéad dul síos (first of all) bhí sí dílis agus cineálta dá clann agus go mór mór dá fear céile. Chabhraigh sí go mór leis na páistí agus chomh maith leis sin thug sí aire shár-mhaith dóibh agus dá fear céile.
- Labhair sí leis na páistí i nGaeilge agus thaitin sé seo liomsa mar bhí sí ag tabhairt seans dóibh a dteanga náisiúnta féin a fhoghlaim.

Lig Sinn i gCathú

Téama
Tá saol an mhic léinn, díoltas, greann agus an óige mar théamaí sa sliocht seo.

Pearsana
Máirtín Ó Méalóid
Bhí scoláireacht (scholarship) ag Máirtín ach níor mhaith leis staidéar. Ní raibh meas (respect) aige ar an údarás (authority).

Pádraic Puirséal (An Púca)
Fear mór ramhar a raibh an iomarca dúil aige san ól ba ea An Púca. Bhí easaontas (disagreement) idir é féin agus an garraíodóir (gardener).

An Garraíodóir
Fear taghdach, lasánta (short tempered) ba ea é. Chuir sé an dlí ar an **bPúca**.

An Sparánaí (Balor)
Bhí guth ard gairgeach aige agus níor thaitin **Máirtín** leis.

An Monsignor De Bláca
Léachtóir sóisearach le Breatnais ba ea é nach raibh mórán spéise aige sa choláiste ná sa scoláireacht.

An tEaspag (the Bishop)
Fear cliste glic ba ea an tEaspag.

Príomhphointí an scéil
- Bhí scoláireacht ag **Máirtín Ó Méalóid** san Ollscoil ach níor bhac sé leis na léachtanna.
- Nuair a bhí sé ag iarraidh seic scoláireachta a fháil ón gcoláiste bhuail sé le **Pádraic Puirséal**, an doirseoir.
- D'éirigh easaontas idir **Pádraic Puirséal** agus an **garraíodóir**.
- Chuir an **garraíodóir** an dlí ar **An Púca (Pádraic Puirséal).**
- Fuair an **tAthair De Bláca** post mar léachtóir sóisearach (Junior Lectureship) le Breatnais agus roinnt blianta ina dhiaidh sin toghadh (he was chosen) ina uachtarán ar an gcoláiste é.

- Bhí **Máirtín i** dtrioblóid sa choláiste mar go mbíodh sé as láthair ó na léachtanna go minic. Dá bhrí sin thug **An Sparánaí** íde béile dó.
- Thug **An Sparánaí** an seic do **Mháirtín** agus amach an doras leis gan focal eile a rá.

Leagan béarla (gearr)
This is a story about a university student, **Máirtín**. He had a university scholarship but was a lazy student. When he went to collect his scholarship cheques he met **Pádraic Puirséal** who was feuding with the **Garraíodóir**. **Puirséal** attacked the garraíodóir's hut and was prosecuted by him.

An **tAthair De Bláca**, became college president and this was to **Puirséal's** advantage in his feud with the **garraíodóir**. **Máirtín** called into the **Sparánaí** (bursar) to collect his scholarship cheque. The bursar gave **Máirtín** a hard time but gave him the cheque after warning him about missing any more lectures.

Ceisteanna
1. 'Tamall ina dhaidh sin chuir an t-easpag a rúnaí isteach mar chúntóir chun aire a thabhairt dó' (An Monsignor De Bláca).
Tabhair cuntas ar ar tharla roimhe sin sa scéal.
2. Cén sórt duine é Máirtín, dar leat. Déan cur síos **gairid** air agus inis cén fáth ar thaitin (nó nár thaitin) sé leat. 3. 'Mhair an fíoch i gcroí an Phúca ó bhliain go bliain'. Déan cur síos ar an easaontas idir an bPúca agus an ngarraíodóir.

Ceist agus freagra samplach
Ceist
'"Tá do sheic scoláireachta in oifig an sparánaí," arsa an Púca. "Pé ar bith sa diabhal céard a choinnigh an mhoill uafásach seo air?"'
Tabhair cuntas ar ar tharla ina dhiaidh sin sa scéal. (25 mharc)

Freagra
Chuaigh Máirtín chuig oifig an sparánaí agus chuir an rúnaí fáilte roimhe. Bhí meas ag gach éinne ar an rúnaí ach ní raibh sí ábalta an seic a thabhairt do Mháirtín agus chroith sí a ceann go truamhéileach. Dúirt sí leis go raibh an seic ag an sparánaí ach go raibh sé ag iarraidh labhairt leis. Dúirt an sparánaí go mbeadh sé leis sula i bhfad ach ní raibh sé ró-chairdiúil leis. Dúirt sé le Máirtín nach raibh sé ag déanamh iarracht ar bith sa choláiste cé go raibh sé cliste go leor. Thit an seic as lámh an sparánaí agus ba bheag nár thit sé sa tine. Dúirt Máirtín rud éigin greannmhar agus tháinig fearg uafásach ar an sparánaí. Thosaigh Máirtín ag gáire agus bhí an sparánaí ar buile amach is amach. Thug sé an seic dó ar ball beag ach dúirt sé leis go gcaithfeadh sé feabhas a chur ar chúrsaí as sin amach. Rug Máirtín ar an seic agus amach an doras leis.

Fiche Bliain ag Fás

Téama
Tá téamaí éagsúla sa sliocht (as úrscéal) seo. An óige an téama is mó ach tá an greann agus an seansaol mar théamaí eile.

Pearsana
Muiris (an scéalaí)
Buachaill bríomhar (lively), fuinniúil. Chomh maith leis sin bhí sé glic agus rúnmhar (clever and secretive). Saghas rógaire agus cleasaí a bhí ann.

Tomás
Rógaire eile ach ní raibh sé chomh cliste is a bhí **Muiris**.

Bean an Tí Tábhairne
Ní raibh sí ró-dheas agus bhí sí místuama (irresponsible). Thug sí an iomarca piontaí do na buachaillí cé go raibh siad an-óg.

Príomhphointí an scéil
- Chuaigh **Muiris** (an scéalaí) agus **Tomás** go rásaí Fionntrá. Fuair siad cúig scilling déag an duine agus chuaigh siad go dtí teach an óil.
- Tar éis cúpla pionta d'éirigh **Tomás** seafóideach agus tháinig an tonn taoscach (began to vomit) ar **Mhuiris**.
- Bhí **Tomás** caoch ar meisce (blind drunk) istigh sa bheár.
- Chuir **Muiris** ina luí (persuaded) air an beár a fhágáil agus tháinig an tonn taoscach ar **Thomás** freisin.
- Bhí siad ceart go leor ansin agus chuaigh siad ar ais go dtí na rásaí.

Leagan Béarla (gearr)
Muiris and **Tomás** were in Fionntrá for the races. They were given 15 shillings each and they went into the pub for a drink. The bar woman was not very kind and served them too much drink despite their youthfulness. **Tomás** was getting drunk and the bar woman was laughing at them. **Muiris** went outside and threw up and felt better for it. **Tomás** was still in the bar but was mad drunk and troublesome. **Muiris** brought him outside where **Tomás** also threw up. He also felt better afterwards and they bought sweets and went back to the races.

Ceisteanna
1. 'Ó, th'anam 'on diúcs, arsa mise, tá ár ndóthain anois againn'. Tabhair cuntas ar ar tharla ina dhiaidh sin sa sliocht seo.
2. Cén sórt duine í bean an tí tábhairne. Déan cur síos gairid uirthi agus inis cén fáth ar thaitin (*nó* nár thaitin) sí leat.
3. ' D'fhéachas ar **Thomás**, agus bhí an dá shúil imithe siar ina cheann.' Cén sórt duine é **Tomás**, dar leat? Déan cur síos gairid air agus inis cén fáth ar thaitin (*nó* nár thaitin sé leat).

Ceist agus Freagra Samplach
Ceist
'Tabhair dúinn dhá phionta, más é do thoil é,' arsa mise (Muiris, an scéalaí). D'fhéach sí orainn agus dhein sí gáire, ansan d'fhéach sí ar Thomás.' Cén sórt duine é **Muiris** (an scéalaí), dar leat? Déan cur síos gairid air agus inis cén fáth ar thaitin (*nó* nár thaitin sé leat). (10 marc)

Freagra
Gasúr anamúil neamheaglach (fearless) ba ea Muiris. Bhí sé misniúil agus bhíodh sé dána anois is arís. Shiúil sé isteach i dteach tábhairne chomh dána le muc (bold as brass) agus d'ordaigh dhá phionta.

Thaitin Muiris liom go mór mar gheall ar na tréithe thuas. Is breá liom gasúr anamúil agus chomh maith leis sin bhí sé cliste go leor mar níor inis sé do bhean an tábhairne cárb as dóibh. Saghas rógaire a bhí ann agus thaitin sé seo go mór liomsa.

Lá Buí Bealtaine

Téama
Tá téamaí éagsúla sa dráma seo: grá, éad, díoltas agus an óige ach is í an tseanaois príomhthéama an dráma.

Pearsana
Peadar Mac Fhlannchadha (ina fhear óg)
Fear láidir lasánta a thit i ngrá le **Nóinín**. Bhí sé an-taghdach (bad tempered).

Peadar Mac Fhlannchadha (ina sheanfhear)
Bhí sé páistiúil (childish) agus cantalach (bad tempered) agus cé go raibh sé i gcathaoir rothaí (wheelchair) bhí sé fós i ngrá le Nóinín.

Nóinín
Bhí sí álainn agus suim aici i gcúrsaí faisin. Fiú nuair a phós sí fear eile bhí sí fós i ngrá le **Peadar**. Bean lách ba ea í nuair a bhí sí ina seanbhean.

Na Banaltraí
Bhí siad cineálta agus cneasta ach níor thuig siad na seandaoine i gceart.

Príomhphointí an scéil
- Bhí breithlá ag seanfhear, **Peadar Mac Fhlannchadha**, in ospidéal na seanóirí.
- Lá breá Bealtaine a bhí ann agus bhuail siad le seanbhean, **Nóinín Ní Chathasaigh**, a bhí in ospidéal na seandaoine freisin.
- Thosaigh **Nóinín** ag caint le Peadar agus d'inis sí dó faoin bhfear óg ar thit sí i ngrá leis fadó, darb ainm **Peadar Mac Fhlannchadha**.

- Mharaigh **Peadar** fear a bhí ag rince le **Nóinín** agus chaith sé deich mbliana i bpríosún.
- Dúirt sí leis gur phós sí fear eile agus go raibh clann acu.
- Nuair a chuala **Peadar** scéal **Nóinín** ghlaoigh sé amach ainm **Nóinín** go ceanúil (lovingly).
- Ansin d'fhiafraigh **Nóinín** den bhanaltra cérbh é an seanfhear agus dúradh léi gurbh **Peadar Mac Fhlannchadha** é.
- Bhí fhios aici go raibh **Peadar i** ngrá léi i gcónaí agus thosaigh sí ag caoineadh.

NB. Tá an-chosúlacht idir an scéal seo agus an scéal atá in amhrán le **Kathy Mattea** (as Ceanada). 'Where've You Been' an t-ainm atá ar an amhrán agus bhí sé ar bharr na gcairteacha ar feadh tréimhse fada.

Ceisteanna

1. 'Drochrath orthu a deirim' (arsa an seanfhear). Cén sórt duine an seanfhear (Peadar), dar leat? Déan cur síos gairid air agus inis cén fáth ar thaitin (**nó** nár thaitin) sé leat.
2. Luaigh agus déan trácht ar na rudaí a thaitin leat sa dráma seo.
3. Déan trácht ar na mothúcháin is mó sa dráma seo.

Leagan béarla (gearr)

This is a play about an old man in a geriatric hospital. It was his birthday and he was, as usual, very bad humoured. An old woman was wheeled out into the garden in her wheelchair. Her name was **Nóinín**. She was a very nice person. **Peadar** and **Nóinín** were left alone for a while and she began to speak to him. She mentioned a day at the turf-cutting long ago and a man named **Peadar Mac Fhlannchadha** that she was in love with and who had been sent to prison for 10 years for choking to death a man who had danced with **Nóinín**. **Nóinín** and **Peadar** had each married different people and both had families. **Peadar**, however, had heard some of the things that Nóinín was saying and he called out her name lovingly. A nurse told **Nóinín** that the old man's name was **Peadar Mac Fhlannchadha**. **Nóinín** knew then that it was her first love and that he still loved her after all those years. The nurse took **Peadar** inside and **Nóinín** started to cry.

Ceist agus freagra samplach

Ceist

Cén phearsa (carachtar) is mó a thaitin (**nó** nár thaitin) leat sa dráma seo? Déan cur síos gairid air/uirthi. Cuir fáthanna le do fhreagra. (Is leor **dhá fháth**).
(10 marc)

Freagra

Is é an duine is mó a thaitin liom sa dráma seo ná Nóinín. Cheap mé go raibh sí cneasta agus cineálta. Is dócha go raibh sí beagáinín beag (a little bit) amaideach agus go ndearna sí rud gan chiall nuair a lig sí uirthi go raibh spéis aici i mbuachaill eile nuair a bhí sí óg. Thaitin an tréith seo liom mar is maith liom daoine nach mbíonn ciallmhar i gcónaí. Cé gur phós sí fear eile níor chaill sí an grá a bhí aici do Pheadar, agus thaitin an dílseacht seo go mór liom. Bean lách a bhí inti nuair a bhí sí in ospidéal na seanóirí agus bhí sé soiléir go raibh sí rómánsúil.

Clare Sa Spéir

Téama an scannáin
Tá téamaí éagsúla sa scannán seo: grá, greann agus cairdeas idir dhaoine ach is é an saol pósta an téama is coitianta (common) ann.

Pearsana
Clare
Bean phósta, stuacánach (stubborn), mheánaosta ab ea í. Bhí cion mór aici dá clann.

Eoin
Fear traidisiúnta (traditional), meánaosta ba ea **Eoin** a bhí ar nós 'cuma liom' (couldn't care less) ag tús an scannáin.

Na Páistí
Bhí Lisa chomh stuacánach is a bhí a máthair ach gnáthpháistí ba ea í féin agus na páistí eile.

Príomhphointí an scéil
- Cheap daoine go raibh Clare craiceáilte. Bhí sí ag iarraidh curiarracht dhomanda (World record) a shárú (to beat).
- Bhí sí tuirseach (fed-up) dá saol agus ní raibh sí féin agus a fear céile, Eoin, ag réiteach le chéile.
- Ní raibh **Eoin** ró-shásta nuair a chuaigh sí in airde ar chrann sa ghairdín.
- Ní raibh sí in ann cúram na bpáistí (care of the children) nó cúraimí an tí a láimhseáil.
- Níor tháinig Clare anuas den chrann cé go raibh sé ag stealladh báistí (pouring rain) agus cé go raibh **Eoin** agus na páistí i gcruachás.
- Ach i ndeireadh na dála (at long last) ghéill **Eoin** agus dúirt sé nach mbeadh cúraimí tí agus clainne ina ualach (a burden) uirthi a thuilleadh (anymore).
- Dúirt Eoin go gcabhródh sé léi agus go mbeadh meas mór aige agus ag na leanaí uirthi as sin amach.

Leagan béarla (gearr)
Clare was a middle-aged married woman with a large family who was totally fed-up with her life. **Eoin** (her husband) was indifferent to her needs. She decided

to focus attention on her problems by staying up a tree for a world record length of time. Her family thought she was mad and **Eoin** was raging because he had to look after everything himself. She would still not come down. However **Eoin** relented and began to show kindness to her. **Clare** also relented and finally came down from the tree after **Eoin** had given a promise to help more about the house and to be more considerate and loving. She came down from the tree to everybody's great relief.

Ceisteanna

1. 'Is ansin a chonaic sí an cuntas sa pháipéar ar an fhear a sháraigh curiarracht dhomhanda'. Tabhair cuntas ar ar tharla ina dhiaidh sin sa scannán.
2. Cén sórt duine í **Clare**, dar leat? Déan cur síos **gairid** uirthi agus inis cén fáth ar thaitin (*nó* nár thaitin) sí leat.
3. Déan trácht ar na mothúcháin is mó a mhúsclaíonn an scannán seo ionat.

Ceist agus Freagra Samplach

Ceist
'Frustrachas agus míshástacht leis an saol nua-aoiseach is ábhar don scannán seo'. Déan plé gairid air sin. (25 mharc)

Freagra
Ar an gcéad dul síos caithfidh mé a rá go n-aontaíonn mé leis an ráiteas seo. Níl amhras ar bith ach go raibh Clare bréan dá saol agus go raibh sí sáraithe agus míshásta lena saol. Bhí clann mhór aici agus bhí na páistí dána go leor. Cheap sí nach raibh aon chomhoibriú nó comhpháirtíocht (partnership) idir í féin agus a fear céile. Bhí an bheirt acu meánaosta agus i ndáiríre ní raibh paisean ar bith fágtha eatarthu.

Bhí frustrachas agus míshástacht ar Eoin agus a pháistí nuair a chuaigh Clare in airde i gcrann sa ghairdín. Bhí orthu obair an tí a dhéanamh agus ní raibh Eoin in ann an meaisín níocháin a oibriú i gceart agus ní raibh sé in ann cócaireacht a dhéanamh go ró-mhaith. Níor tháinig sí anuas den chrann cé go raibh sé soiléir go raibh go leor fadhbanna acu. Chomh maith leis sin níor thuig Eoin frustrachas agus míshástacht Clare.

Bhí frustrachas agus míshástacht ar na páistí chomh maith mar ba mhinic iad ag argóint agus ag troid lena chéile. Chuir taispeántas a máthar isteach go mór orthu agus bhí siad uaigneach agus chuile sheans go raibh náire orthu.

Filíocht Ainmnithe

Gealt?
Áine Ní Ghlinn

Léim gealt inairde ar bhus a sé déag inné
agus pitseámaí air—stríocaí liath is dearg orthu!
Shuigh sé síos in aice le fear a raibh babhlaer agus *briefcase* air!
Rug an créatúr greim an duine bháite ar a *bhriefcase*!
Trí shuíochán síos uaidh chrosáil bean a cosa!
Rug máthair greim an duine bháite ar a páiste!
D'fhéach an páiste ar an ngealt!
Rinne an ghealt meangadh mór mantach gáire!

Labhair an tiománaí le fear an *depot*!
Labhair fear an *depot* le lucht 999!
Fuair sé lucht dóiteáin ar dtús is d'fhiafraigh siadsan de an raibh an ghealt i
mbaol nó tré thine nó in airde ar chrann—Ní raibh!
Bhris an fear dóiteáin an líne!
Ghlan an tiománaí sruth allais dá éadan!
'A Chríost,' a scread sé—de chogar ar eagla go gcloisfeadh
gealt na bpitseámaí é—'Cuir fios ar na *bloody* Gardaí!'

Tháinig na Gardaí is ghlanadar an bóthar amuigh i Ráth Fhearnáin!
Tháinig an t-arm is luíodar taobh thiar dá leoraithe,
meaisínghunnaí crochta!
Tháinig na dochtúirí lena gcuid steallairí is le veist cheangail!
... Tháinig an bus!
Bhí fear an bhriefcase báite ina chuid allais féin!
Bhí bríste an tiománaí fliuch!
Bhí bean na gcos crosáilte fós coschrosáilte!
Bhí rúnaí a bhí le bheith in oifig mhór i Sráid Chamden
leathuair a' chloig ó shin anois in Ráth Fhearnáin!

Bhí an páiste ag stánadh ar an ngealt!
Bhí an ghealt ag súgradh le cnaipí a phitseámaí
– é fós ag gáire go mantach!
... Stad an bus!
... D'ardaigh an ghealt a cheann!
D'aithin sé dochtúir! D'aithin an veist cheangail!
Is é fós ag gáire léim sé suas is rith amach an doras
isteach i lámha an dochtúra! Isteach sa veist a bhí gan lámha!

Istigh sa bhus phléasc osna faoisimh!
Níor labhair ach an páiste –
'A Mhamaí, cén fáth nach ligfeá domsa mo phitseámaí
a chaitheamh ar an mbus?'

Gluais
[1] **gealt**: duine le Dia, a lunatic
[2] **pitseamaí**: pyjamas
[3] **Stríocaí**: stripes
[4] **babhlaer**: bowler [hat]
[5] **greim an duine bháite**: a tight grip, the dying person's grip
[6] **meangadh**: a big smile
[7] **mantach**: gap-toothed
[8] **i mbaol**: in danger
[9] **sruth allais**: a stream of sweat
[10] **de chogar**: in a whisper
[11] **crochta**: ready
[12] **steallairí**: syringes
[13] **veist cheangail**: strait jacket
[14] **coschrosáilte**: cross-legged
[15] **ag stánadh**: staring
[16] **d'ardaigh an ghealt**: the lunatic raised his head
[17] **osna**: sigh
[18] **phléasc osna faoisimh**: there was a sigh of relief

Príomhphointí an Dáin
- Léim **gealt** ar bhus a sé déag. Bhí éadaí codlata air agus shuigh sé in aice le fear a raibh mála aige.
- Choinnigh an fear greim daingean ar a mhála agus rug máthair greim daingean ar a páiste.
- D'fhéach an páiste ar an ngealt agus thosaigh an ghealt ag gáire.
- Ghlaoigh an tiománaí ar an mbusáras ach ní raibh an ghealt i mbaol; mar sin níor tháinig siadsan ná an bhriogáid dóiteáin.
- Ach tháinig na gardaí agus tháinig an t-arm agus dochtúirí le veist cheangail.
- Bhí na daoine ar an mbus trí chéile agus cuid acu déanach dá gcuid oibre.
- Chuir an dochtúir an veist cheangail ar an ngealt agus bhí áthas ar na daoine ar an mbus.

Téama
Tá **eachtra greannmhar** mar théama an dáin seo.

Príomh-mhothúcháin
Greann, eagla, áthas, faoiseamh na mothúcháin is mó sa dán seo.

Ceist shamplach
Cad iad na mothúcháin is mó sa dán seo?

Is é an **greann** phríomh-mhothúchán an dáin seo. Feictear an **greann** go minic sa dán. Cruthaíonn **Áine Ní Ghlinn** sraith íomhánna fíor-ghreannmhar, cuirim i gcás; na pitseamaí
'stríocaí liath is dearg'
agus an fear a raibh
'babhlaer agus briefcase air'
agus nuair a dúirt an tiománaí,
'A Chríost'—'Cuir fios ar na bloody Gardaí'.
Agus sílim go bhfuil an áiféis sa tríú véarsa an-ghreannmhar ar fad nuair a deir an file:
**'Tháinig an t-arm is luíodar taobh thiar dá leoraithe,
meaisínghunnaí crochta'.**

Príomh-íomhánna
- An ghealt ina **phitseamaí stríocacha**
- An 'Créatúr' le **greim an duine bháite ar a bhriefcase.**
- Nuair a rinne an ghealt **'meangadh mór mantach gáire.'**
- Nuair a ghlan na gardaí **'an bóthar amuigh i Ráth Fhearnáin'**.
- Nuair a tháinig an t-arm agus luigh siad **'taobh thiar dá leoraithe, meaisínghunnaí crochta'.**
- Agus nuair a léim an ghealt den bhus **'isteach i lámha an dochtúra isteach sa veist a bhí gan lámha.'**

Ceisteanna
1. Inis, i **d'fhocail féin**, cad is téama don dán **Gealt**.
2. Déan cur síos, i **d'fhocail féin**, ar **dhá** íomhá (phictiúr) a chuireann an file os ár gcomhair sa dán seo.
3. Ar thaitin an dán seo leat? Cuir fáthanna le do fhreagra. (Is leor **dhá** fháth.)
4. Cad é an mothúchán is láidre sa dán seo. Déan cur síos, i **d'fhocail féin**, ar a bhfuil sa dán faoin mothúchán sin.
5. Déan cur síos ar theideal an dáin seo.

Níl Aon Ní
Cathal Ó Searcaigh

Níl aon ní, aon ní, a stór,
níos suaimhní ná clapsholas smólaigh
i gCaiseal na gCorr,

ná radharc níos aoibhne
ná buicéad stáin na spéire ag sileadh
solais ar Inis Bó Finne

Is dá dtiocfá liom, a ghrá,
bheadh briathra ag bláthú ar ghas mo ghutha
mar shiolastrach Ghleann an Átha,

Is chluinfea geantraí sí
i gclingireacht na gcloigíní gorma
i gcoillidh Fheanna Bhuí

Ach b'fhearr leatsa i bhfad
brúchtbhaile balscóideach i mBaile Átha Cliath
lena ghleo tráchta gan stad,

seachas ciúinchónaí sléibhe
mar a gciúnaíonn an ceo le teacht na hoíche
anuas ó Mhín na Craoibhe.

Gluais
[1] **Ní**: rud, thing
[2] **Stór**: grá, love
[3] **níos aoibhne**: more pleasant
[4] **clapsholas**: twilight
[5] **níos áille**: more beautiful
[6] **spéir liath**: a grey sky
[7] **ag sileadh**: spilling
[8] **briathra**: words
[10] **ag bláthú**: blossoming
[11] **geantraí**: soft, soothing music
[12] **clingireacht**: tinkling
[13] **cloigíní gorma**: bluebells
[14] **brúchtbhaile balscóideach**: an ugly suburb
[15] **seachas**: instead of, rather than
[16] **ciúinchónaí sléibhe**: a quiet mountain abode

Príomhphointí an dáin
- Tá **Cathal Ó Searcaigh** ag caint lena leannán faoina áit dhúchais i nDún na nGall.
- Iarrann sé uirthi teacht leis go dtí an áit álainn ina bhfuil sé.
- Deir sé léi go gcloisfeadh sí focail cheolmhara agus ceol bog taitneamhach dá dtiocfadh sí go dtí an áit sin.
- Ach b'fhearr léi fanacht i mbrúchtbhaile gránna.

Téama
Is dán grá é seo ina bhfuil an file ag iarraidh a ghrá a mhealladh go Dún na nGall. Tá áilleacht na háite mar théama eile sa dán álainn seo.

Príomh-mhothúcháin
Tá grá mar théama sa dán seo:
- Grá dá leannán
- Grá Uí Shearcaigh dá áit dhúchais
- Agus grá don nádúr (dúlra).
- Is mothúchán láidir eile mífhoigne an fhile lena leannán.

Meafair
Tá meafar deas sa dara véarsa:
'Buicéad stáin na spéire ag sileadh solais'
a chiallaíonn go raibh taitneamh na gréine ar nós uisce.
Tá meafar deas eile sa tríú véarsa:
'bheadh briathra ag bláthú ar ghas mo ghutha'
a chiallaíonn go bhfaigheadh sé spreagadh chun focail fhileata grá a scríobh ó áilleacht na mbláthanna.

Ceist agus freagra samplach
Cad é an mothúchán is láidre sa dán seo? Déan cur síos, i **d'fhocail féin**, ar a bhfuil sa dán faoin mothúchán sin.

Freagra
Tá grá mar théama sa dán seo: grá an fhile dá leannán agus dá áit dhúchais. Taispeánann an file a ghrá sa chaoi ina bhfuil sé ag iarraidh a ghrá a mhealladh go Dún nGall, an áit álainn ina mbeidís le chéile;
'Is dá dtiocfá liom, a ghrá,
bheadh briathra ag bláthú ar ghas mo ghutha'
Tá a ghrá dá áit dhúchais an-láidir agus feictear an grá sin sa chéad véarsa nuair a deir sé nach bhfuil áit ar bith níos aoibhne ná canadh na smólach i gCaiseal na gCorr;
'Níl rud ar bith, a ghrá,
Níos aoibhne ná smólach ag canadh ag deireadh an lae,
i gCaiseal na gCorr'.

Ceisteanna
1. Inis, i **d'fhocail féin**, cad is téama don dán seo.
2. Ar thaitin an dán seo leat? Cuir fáthanna le do fhreagra.(Is leor **dhá** fháth.)
3. Cad é an mothúchán is láidre sa dán? Cuir fáthanna le do fhreagra. (Is leor **dhá** fháth.)
4. An dóigh leat go bhfuil **Níl Aon Ní** oiriúnach mar theideal ar an dán seo? Cuir fáth amháin le do fhreagra.
5. Maidir leis an dán seo, tabhair cuntas **gairid** ar phríomhsmaointe an dáin **agus** ar íomhá amháin sa dán a thaitin leat.

Mo Ghille Mear
Seán Clárach Mac Domhnaill

Bímse buan ar buairt gach ló,
ag caoi go cruaidh 's ag tuar na ndeor,
mar scaoileadh uainn an buachaill beo
's ná ríomhtar tuairisc uaidh, mo bhrón!

Curfá:
Is é mo laoch, mo ghille mear,
is é mo Shaesar, gille mear;
ní bhfuaireas féin aon tsuan ar séan
ó chuaigh i gcéin mo ghille mear.

Ní haoibhinn cuach ba shuairc ar neoin,
táid fíorchoin uaisle ar uatha spóirt,
táid saoithe 's suadha i mbuairt 's i mbrón
ó scaoileadh uainn an buachaill beo.

Níor éirigh Phoebus féin ar cóir,
ar chaomhchneas ré tá daolbhrat bróin,
tá saobha ar spéir is spéirling mhór
chun sléibhte i gcéin mar d'éala' an leon.

Níl séis go suairc ar chruachruit cheoil,
tá an éigse i ngruaim gan uaim 'na mbeol,
táid béithe buan ar buairt gach ló
ó théarnaigh uainn an buachaill beo:

Gluais
[1] **buan**: i gcónaí, always
[2] **ag buairt**: ag gol, crying
[3] **ag tuar na ndeor**: about to cry
[4] **Ná ríomhtar uaidh**: ní chloistear cuntas faoi
[5] **gille mear**: ógánach beoga, lively youngster
[6] **suan**: codladh
[7] **séan**; go sámh; suan ar séan, codladh sámh
[8] **i gcéin**: thar lear, far away
[9] **ar neoin**: i lár an lae
[10] **ar uatha spóirt**: ar bheagán spóirt
[11] **saoithe**: daoine léannta
[12] **suadha**: scoláirí, filí
[13] **Phoebus**: an ghrian, the sun
[14] **daolbhrat**: brat dubh

[15] **an leon**: an leon, the hero
[16] **séis**: ceol
[17] **cruachruit**: cláirseach bheag, a small harp
[18] **théarnaigh**: d'imigh

Príomhphointí an Dáin

- Bíonn an file brónach gach lá mar gur theith Prionsa Searlas go dtí An Fhrainc.
- Deir an file gur laoch den scoth Prionsa Searlas agus nár chodail sé i gceart ó d'imigh sé.
- Níl áthas ar an gcuach ó shin agus tá na huaisle, na filí agus na daoine léannta cráite.
- Deir an file go bhfuil an nádúr (dúlra) i gcruachás agus go bhfuil stoirm mhór ann ó d'imigh Prionsa Searlas.
- Tá gach éinne go brónach agus níl na ceoltóirí ag seinm ceoil ná na filí ag cumadh aon fhocal filíochta ó shin.

Téama

Is dán tírghrá agus dán caointe an dán seo. Tá éadóchas agus an nádúr mar théamaí ann freisin.

Príomh-mhothúcháin

Tírghrá, éadóchas, brón, agus caoineadh.

Ceist agus Freagra Samplach

Cad é an mothúchán is láidre sa dán seo? Cuir fáthanna le do fhreagra. (Is leor **dhá fháth.**)

Freagra

Is iad an tírghrá agus an brón na mothúcháin is láidre sa dán seo. Deir an file ag tús an dáin;
'Bímse buan ar buairt gach ló'
agus tá sé i gcruachás mar go raibh an Prionsa Searlas imithe;
'Mar scaoileadh uainn an buachaill beo'
Deir an file nach bhfuair sé aon suaimhneas nó codladh ó
'chuaigh i gcéin mo ghille mear'

Ceisteanna

1. Déan cur síos ar na híomhánna sa dán seo.
2. Inis, i **d'fhocail féin,** cad is téama don dán seo.
3. Déan cur síos, i **d'fhocail féin**, ar dhá íomhá a chuireann an file os ár gcomhair sa dán seo.
4. Maidir leis an dán seo, tabhair cuntas **gairid** ar phríomhsmaointe an dáin.

5. Roghnaigh mothúchán amháin as an liosta seo a leanas agus tabhair cuntas **gairid** ar a bhfuil sa dán faoin mothúchán sin atá roghnaithe agat.
eagla; uaigneas; grá; brón

Jack
Máire Mhac an tSaoi

Strapaire fionn sé troithe ar airde,
Mac feirmeora ó iarthar tíre,
Ná cuimhneoidh feasta go rabhas-sa oíche
Ar urlár soimint aige ag rince;

Ach ní dhearúdfad a ghéaga im thimpeall,
A gháire ciúin ná a chaint shibhialta—
Ina léine bhán, is a ghruaig nuachíortha
Buí fén lampa ar bheagán íle—

Fágfaidh a athair talamh ina dhiaidh aige,
Pósfaidh bean agus tógfaidh síolbhach,
Ach mar conacthas domhsa é arís ní cífear,
Beagbheann ar chách mar 'gheal lem chroí é.

Barr dá réir go raibh air choíche!
Rath is séan san áit ina mbíonn sé!
Mar atá tréitheach go dté crích air—
Dob é an samhradh so mo rogha 'pháirtí é.

Gluais
[1] **strapaire**: a strapping boy
[2] **feasta**: as seo amach, ever again
[3] **soimint**: cement
[4] **a ghéaga**: a lámha, his arms
[5] **nuachíortha**: newly combed
[6] **síolbhach**: clann, family
[7] **mar conacthas domsa**: as I saw him
[8] **beagbheann ar chách**: ba chuma leis—
[9] **barr**: success
[10] **choíche**: always, forever
[11] **mar atá tréitheach**: according to his gifts
[12] **go dté crích air**: may he do well
[13] **mo rogha 'pháirtí é**: he was my choice companion

Príomhphointí an Dáin
- Cuimhníonn sí ar an bhfear óg a raibh sí ag rince leis fadó.
- Fear óg, láidir, croíúil agus mac feirmeora ba ea é.
- Is cuimhin léi a lámha thart uirthi agus iad ag rince.
- Fágfar feirm aige, pósfaidh sé agus tógfaidh sé clann ach ní bheidh sé go deo arís mar a bhí sé an oíche sin.
- Guíonn sí rath agus aoibhneas air mar b'é a rogha pháirtí aici é an samhradh sin.

Téama
Cuimhne mná ar an ngrá a bhíodh aici do bhuachaill óg fadó an téama atá sa dán seo.

Príomh-mhothúcháin
Aoibhneas, áthas, cion, buíochas, agus cumha na mothúcháin atá sa dán seo.

Ceist agus Freagra Samplach
Ar thaitin an dán seo leat? Cuir fáthanna le do fhreagra. (Is leor **dhá fháth.**)

Freagra
Thaitin an dán seo go mór liom. Is maith liom na mothúcháin atá sa dán go mór mór (especially) an t-aoibhneas a bhí uirthi nuair a bhí lámha an fhir thart uirthi agus iad ag rince le chéile fadó;
'Ach ní dhearúdfad a ghéaga im thimpeall'.
Is aoibhinn liom an chaoi ina léiríonn sí an cumha (nostalgia) atá uirthi, sa tríú véarsa agus í a rá nach bhfeicfidh éinne arís é mar a chonaic sí an oíche sin é, gan aird acu ar éinne agus í i ngrá leis:
**'Ach mar conacthas domhsa é arís ní cífear,
Beagbheann ar chách mar 'gheal lem chroí é.**

Ceisteanna
1. Cén fáth, **dar leat**, ar thug an file an teideal, **Jack**, ar an dán seo?
2. Cad é an mothúchán is láidre sa dán, dar leat? Cuir fáthanna le do fhreagra. (Is leor **dhá** fháth.)
3. Tabhair cuntas **gairid** ar phríomhsmaointe an dáin **agus** ar íomhá amháin sa dán a thaitin go mór leat.
4. Inis, i **d'fhocail féin**, cad is téama don dán seo.
5. **Mar atá tréitheach go dté crích air—**
   Dob é an samhradh so mo rogha 'pháirtí é.
   Cad atá i gceist ag an bhfile leis na línte sin, dar leat?

Faoiseamh a Gheobhadsa
Máirtín Ó Direáin

Faoiseamh a gheobhadsa
Seal beag gairid
I measc mo dhaoine
Ar oileán mara,
Ag siúl cois cladaigh
Maidin is tráthnóna
Ó Luan go Satharn
Thiar ag baile.

Faoiseamh a gheobhadsa
Seal beag gairid
I measc mo dhaoine,
Ó chrá chroí,
Ó bhuairt aigne,
Ó uaigneas dhuairc,
Ó chaint ghontach
Thiar ag baile.

Gluais
[1] **faoiseamh**: suaimhneas, relief
[2] **seal**: tamall, a while
[3] **cois cladaigh**: cois farraige
[4] **crá**: céasadh (torment), brón
[5] **buairt**: brón, dólás (sadness)
[6] **uaigneas dhuairc**: gloomy loneliness
[7] **gontach**: géar, wounding

Príomhphointí an Dáin
- Ba mhaith leis an file suaimhneas a fháil ar feadh tamaill bhig.
- Gheobhaidh sé an sos i measc a mhuintire féin.
- Beidh sé ag siúl cois trá agus beidh sé saor ansin ó bhuairt agus ó imní agus ó chaint ghéar.

Téama
Is é an t-**uaigneas** príomhthéama an dáin seo. Tá cumha (nostalgia) mar théama sa dán chomh maith.

Príomh-mhothúcháin
brón
uaigneas
dóchas
gruaim

Ceist agus freagra samplach
Inis, i **d'fhocail féin**, cad is téama don dán seo.

Freagra
Is é an t-uaigneas príomh-théama an dáin seo. Is léir go raibh uaigneas agus cumha ar Mháirtín Ó Direáin i mBaile Átha Cliath. B'fhearr leis bheith ar ais in Inis Mór, Árainn, ar feadh tamaillín, áit a bhfaigheadh sé sos:
'Ó chrá chroí,
Ó bhuairt aigne,
Ó uaigneas dhuairc,
Ó chaint ghontach,'
Bhí uaigneas air mar nach raibh sé **'Thiar ag baile'** áit a mbeadh suaimhneas aige arís. Is léir go mbíonn uaigneas ar Mháirtín nuair nach mbíonn sé,
'I measc mo dhaoine
Ar oileán mara'

Ceisteanna
1. Déan cur síos, i **d'fhocail fein**, ar **dhá** íomhá (phictiúr) a chuireann an file os ár gcomhair sa dán seo.
2. Cad é an mothúchán is mó sa dán seo? Cuir fáthanna le do fhreagra. (Is leor **dhá fháth**.)
3. An maith leat an dán seo? Cuir **dhá fháth** le do fhreagra.
4. Inis, i **d'fhocail féin**, cad is téama don dán seo?

Gramadach

Na briathra

Briathra rialta

An chéad réimniú

Aimsir láithreach	Aimsir chaite	Aimsir fháistineach	Modh coinníollach
		dún	
dúnaim	dhún mé	dúnfaidh mé	dhúnfainn
dúnann tú	dhún tú	dúnfaidh tú	dhúnfá
dúnann sé, sí	dhún sé, sí	dúnfaidh sé, sí	dhúnfadh sé, sí
dúnaimid	dhúnamar	dúnfaimid	dhúnfaimis
dúnann sibh	dhún sibh	dúnfaidh sibh	dhúnfadh sibh
dúnann siad	dhún siad	dúnfaidh siad	dhúnfaidís
ní dhúnaim	níor dhún mé	ní dhúnfaidh mé	ní dhúnfainn
		cuir	
cuirim	chuir mé	cuirfidh mé	chuirfinn
cuireann tú	chuir tú	cuirfidh tú	chuirfeá
cuireann sé, sí	chuir sé, sí	cuirfidh sé, sí	chuirfeadh sé, sí
cuirimid	chuireamar	cuirfimid	chuirfimis
cuireann sibh	chuir sibh	cuirfidh sibh	chuirfeadh sibh
cuireann siad	chuir siad	cuirfidh siad	chuirfidís
		ól	
ólaim	d'ól mé	ólfaidh mé	d'ólfainn
ólann tú	d'ól tú	ólfaidh tú	d'ólfá
ólann sé, sí	d'ól sé, sí	ólfaidh sé, sí	d'ólfadh sé, sí
ólaimid	d'ólamar	ólfaimid	d'ólfaimis
ólann sibh	d'ól sibh	ólfaidh sibh	d'ólfadh sibh
ólann siad	d'ól siad	ólfaidh siad	d'ólfaidís
		fág	
fágaim	d'fhág mé	fágfaidh mé	d'fhágfainn
fágann tú	d'fhág tú	fágfaidh tú	d'fhágfá
fágann sé, sí	d'fhág sé, sí	fágfaidh sé, sí	d'fhágfadh sé, sí
fágaimid	d'fhágamar	fágfaimid	d'fhágfaimis
fágann sibh	d'fhág sibh	fágfaidh sibh	d'fhágfadh sibh
fágann siad	d'fhág siad	fágfaidh siad	d'fhágfaidís

Aimsir láithreach	*Aimsir chaite*	*Aimsir fháistineach*	*Modh coinníollach*
	siúil		
siúlaim	shiúil mé	siúlfaidh mé	shiúlfainn
siúlann tú	shiúil tú	siúlfaidh tú	shiúlfá
siúlann sé, sí	shiúil sé, sí	siúlfaidh sé, sí	shiúlfadh sé, sí
siúlaimid	shiúlamar	siúlfaimid	shiúlfaimis
siúlann sibh	shiúil sibh	siúlfaidh sibh	shiúlfadh sibh
siúlann siad	shiúil siad	siúilfaidh siad	shiúlfaidís
	nigh		
ním	nigh mé	nífidh mé	nífinn
níonn tú	nigh tú	nífidh tú	nífeá
níonn sé, sí	nígh sé, sí	nífidh sé, sí	nífeadh sé, sí
nímid	níomar	nífimid	nífimis
níonn sibh	nigh sibh	nífidh sibh	nífeadh sibh
níonn siad	nigh siad	nífidh siad	nífidís

An dara réimniú

	ceannaigh		
ceannaím	cheannaigh mé	ceannóidh mé	cheannóinn
ceannaíonn tú	cheannaigh tú	ceannóidh tú	cheannófá
ceannaíonn sé, sí	cheannaigh sé, sí	ceannóidh sé, sí	cheannódh sé, sí
ceannaímid	cheannaíomar	ceannóimid	cheannóimis
ceannaíonn sibh	cheannaigh sibh	ceannóidh sibh	cheannódh sibh
ceannaíonn siad	cheannaigh siad	ceannóidh siad	cheannóidís
	éirigh		
éirím	d'éirigh mé	éireoidh mé	d'éireoinn
éiríonn tú	d'éirigh tú	éireoidh tú	d'éireofá
éiríonn sé, sí	d'éirigh sé, sí	éireoidh sé, sí	d'éireodh sé, sí
éirímid	d'éiríomar	éireoimid	d'éireoimis
éiríonn sibh	d'éirigh sibh	éireoidh sibh	d'éireodh sibh
éiríonn siad	d'éirigh siad	éireoidh siad	d'éireoidís
	oscail		
osclaím	d'oscail mé	osclóidh mé	d'osclóinn
osclaíonn tú	d'oscail tú	osclóidh tú	d'osclófá
osclaíonn sé, sí	d'oscail sé, sí	osclóidh sé, sí	d'osclódh sé, sí
osclaímid	d'osclaíomar	osclóimid	d'osclóimis
osclaíonn sibh	d'oscail sibh	osclóidh sibh	d'osclódh sibh
osclaíonn siad	d'oscail siad	osclóidh siad	d'osclóidís

Briathra neamhrialta

Aimsir láithreach	Aimsir chaite	Aimsir fháistineach	Modh coinníollach
		téigh	
téim	chuaigh mé	rachaidh mé	rachainn
téann tú	chuaigh tú	rachaidh tú	rachfá
téann sé, sí	chuaigh sé, sí	rachaidh sé, sí	rachadh sé, sí
téimid	chuamar	rachaimid	rachaimis
téann sibh	chuaigh sibh	rachaidh sibh	rachadh sibh
téann siad	chuaigh siad	rachaidh siad	rachaidís
	ní dheachaigh mé …		
		ith	
ithim	d'ith mé	íosfaidh mé	d'íosfainn
itheann tú	d'ith tú	íosfaidh tú	d'íosfá
itheann sé, sí	d'ith sé, sí	íosfaidh sé, sí	d'íosfadh sé, sí
ithimid	d'itheamar	íosfaimid	d'íosfaimis
itheann sibh	d'ith sibh	íosfaidh sibh	d'íosfadh sibh
itheann siad	d'ith siad	íosfaidh siad	d'íosfaidís
		tar	
tagaim	tháinig mé	tiocfaidh mé	thiocfainn
tagann tú	tháinig tú	tiocfaidh tú	thiocfá
tagann sé, sí	tháinig sé, sí	tiocfaidh sé, sí	thiocfadh sé, sí
tagaimid	thángamar	tiocfaimid	thiocfaimis
tagann sibh	tháinig sibh	tiocfaidh sibh	thiocfadh sibh
tagann siad	tháinig siad	tiocfaidh siad	thiocfaidís
		feic	
feicim	chonaic mé	feicfidh mé	d'fheicfinn
feiceann tú	chonaic tú	feicfidh tú	d'fheicfeá
feiceann sé, sí	chonaic sé, sí	feicfidh sé, sí	d'fheicfeadh sé, sí
feicimid	chonaiceamar	feicfimid	d'fheicfimis
feiceann sibh	chonaic sibh	feicfidh sibh	d'fheicfeadh sibh
feiceann siad	chonaic siad	feicfidh siad	d'fheicfidís
	ní fhaca mé …		
		tabhair	
tugaim	thug mé	tabharfaidh mé	thabharfainn
tugann tú	thug tú	tabharfaidh tú	thabharfá
tugann sé, sí	thug sé, sí	tabharfaidh sé, sí	thabharfadh sé, sí
tugaimid	thugamar	tabharfaimid	thabharfaimis
tugann sibh	thug sibh	tabharfaidh sibh	thabharfadh sibh
tugann siad	thug siad	tabharfaidh siad	thabharfaidís

Aimsir láithreach	Aimsir chaite	Aimsir fháistineach	Modh coinníollach
	beir		
beirim	rug mé	béarfaidh mé	bhéarfainn
beireann tú	rug tú	béarfaidh tú	bhéarfá
beireann sé, sí	rug sé, sí	béarfaidh sé, sí	bhéarfadh sé, sí
beirimid	rugamar	béarfaimid	bhéarfaimis
beireann sibh	rug sibh	béarfaidh sibh	bhéarfadh sibh
beireann siad	rug siad	béarfaidh siad	bhéarfaidís
	clois		
cloisim	chuala mé	cloisfidh mé	chloisfinn
cloiseann tú	chuala tú	cloisfidh tú	chloisfeá
cloiseann sé, sí	chuala sé, sí	cloisfidh sé, sí	chloisfeadh sé, sí
cloisimid	chualamar	cloisfimid	chloisfimis
cloiseann sibh	chuala sibh	cloisfidh sibh	chloisfeadh sibh
cloiseann siad	chuala siad	cloisfidh siad	chloisfidís
	déan		
déanaim	rinne mé	déanfaidh mé	dhéanfainn
déanann tú	rinne tú	déanfaidh tú	dhéanfá
déanann sé, sí	rinne sé, sí	déanfaidh sé, sí	dhéanfadh sé, sí
déanaimid	rinneamar	déanfaimid	dhéanfaimis
déanann sibh	rinne sibh	déanfaidh sibh	dhéanfadh sibh
déanann siad	rinne siad	déanfaidh siad	dhéanfaidís
	ní dhearna mé …		
	faigh		
faighim	fuair mé	gheobhaidh mé	gheobhainn
faigheann tú	fuair tú	gheobhaidh tú	gheofá
faigheann sé, sí	fuair sé, sí	gheobhaidh sé, sí	gheobhadh sé, sí
faighimid	fuaireamar	gheobhaimid	gheobhaimis
faigheann sibh	fuair sibh	gheobhaidh sibh	gheobhadh sibh
faigheann siad	fuair siad	gheobhaidh siad	gheobhaidís
	ní bhfuair mé	ní bhfaighidh mé	ní bhfaighinn
	abair		
deirim	dúirt mé	déarfaidh mé	déarfainn
deir tú	dúirt tú	déarfaidh tú	déarfá
deir sé, sí	dúirt sé, sí	déarfaidh sé, sí	déarfadh sé, sí
deirimid	dúramar	déarfaimid	déarfaimis
deir sibh	dúirt sibh	déarfaidh sibh	déarfadh sibh
deir siad	dúirt siad	déarfaidh siad	déarfaidís
ní deirim	ní dúirt mé	ní déarfaidh mé	ní déarfainn

Gramadach

Aimsir láithreach	Aimsir chaite	Aimsir fháistineach	Modh coinníollach
		tá	
táim	bhí mé	beidh mé	bheinn
tá tú	bhí tú	beidh tú	bheifeá
tá sé, sí	bhí sé, sí	beidh sé, sí	bheadh sé, sí
táimid	bhíomar	beimid	bheimis
tá sibh	bhí sibh	beidh sibh	bheadh sibh
tá siad	bhí siad	beidh siad	bheidís
nílim	ní raibh mé		

Aidiachtaí

ard	níos airde	is airde
bocht	níos boichte	is boichte
cam	níos caime	is caime
caol	níos caoile	is caoile
ciallmhar	níos ciallmhaire	is ciallmhaire
fíochmhar	níos fíochmhaire	is fíochmhaire
fuar	níos fuaire	is fuaire
geal	níos gile	is gile
glan	níos glaine	is glaine
íseal	níos ísle	is ísle
lag	níos laige	is laige
leathan	níos leithne	is leithne
mall	níos maille	is maille
mear	níos mire	is mire
óg	níos óige	is óige
ramhar	níos raimhre	is raimhre
sean	níos sine	is sine
searbh	níos seirbhe	is seirbhe
tréan	níos tréine	is tréine
trom	níos troime	is troime
ait	níos aite	is aite
glic	níos glice	is glice
milis	níos milse	is milse
brónach	níos brónaí	is brónaí
cainteach	níos caintí	is caintí
díreach	níos dírí	is dírí
salach	níos salaí	is salaí
tuirseach	níos tuirsí	is tuirsí

cáiliúil	níos cáiliúla	is cáiliúla
dathúil	níos dathúla	is dathúla
fearúil	níos fearúla	is fearúla
misniúil	níos misniúla	is misniúla
deacair	níos deacra	is deacra
láidir	níos láidre	is láidre
saibhir	níos saibhre	is saibhre
aclaí	níos aclaí	is aclaí
cuí	níos cuí	is cuí
tanaí	níos tanaí	is tanaí

Neamhrialta

álainn	níos áille	is áille
beag	níos lú	is lú
breá	níos breátha	is breátha
dócha	níos dóichí	is dóichí
fada	níos faide	is faide
fogas	níos foisce	is foisce
furasta	níos fusa	is fusa
gearr	níos giorra	is giorra
maith	níos fearr	is fearr
mór	níos mó	is mó
nua	níos nuaí	is nuaí
olc	níos measa	is measa
te	níos teo	is teo
tréan	níos tréine/treise	is tréine/treise
—	níos ansa	is ansa
—	níos lia	is lia
—	níos túisce	is túisce

An aidiacht shealbhach

mé	mo chamán	mo pheann
tú	do chamán	do pheann
sé	a chamán	a pheann
sí	a camán	a peann
muid	ár gcamáin	ár bpinn
sibh	bhur gcamáin	bhur bpinn
siad	a gcamáin	a bpinn

Tá mé i mo dhúiseacht
Tá tú i do dhúiseacht
Tá sé ina dhúiseacht

Tá sí ina dúiseacht
Táimid inár ndúiseacht
Tá sibh in bhur ndúiseacht
Tá siad ina ndúiseacht

i mo dhiaidh	i mo chodladh	i mo shuí
i do dhiaidh	i do chodladh	i do shuí
ina dhiaidh	ina chodladh	ina shuí
ina diaidh	ina codladh	ina suí
inár ndiaidh	inár gcodladh	inár suí
in bhur ndiaidh	in bhur gcodladh	in bhur suí
ina ndiaidh	ina gcodladh	ina suí

Réamhfhocail

1. Séimhiú

Cuireann siad seo *séimhiú* de ghnáth ar an bhfocal a leanann iad:

ar	ó
de	roimh
do	thar
faoi	trí
gan	um
idir	

Ach **ar ball, thar barr** …

2. Urú

Cuireann an réamhfhocal **i** *urú* ar an bhfocal a leanann é.

Ach **i + an = sa**: **sa gheimhreadh, sa bhaile** …

3. Dada

Ní chuireann siad seo *séimhiú ná urú* ar an bhfocal a leanann iad:

ag
as
chuig
go
go dtí
le

'Ag' agus 'ar'

Tá **ag** agus **ar** an-tábhachtach sa Ghaeilge.

Níl aon bhriathar ar nós *'to have'* sa Ghaeilge. Úsáidtear **tá + ag**:
Tá leabhar agam.
Cuirtear go leor mothúchán in iúl leis an réamhfhocal **ar**:
Tá áthas ar Dhéaglán.
Tá brón ar Chlíona.
Bíonn ionadh ar dhaoine.
Bhí tart orm tar éis an chluiche.
Tá ocras ar Bhreandán.

Is minic a bhíonn **ag** agus **ar** san abairt chéanna:
Tá aithne ag Róisín ar Eoghan.
Tá taithí ag Éadaoin ar an obair sin.
Tá meas ag an múinteoir ar Órlaith.
Tá cion ag Eithne ar Aodhán.

'Ag' agus réamhfhocail eile
Tá muinín [*trust*] ag Conchúr as Gráinne.
Tá iontaoibh [*trust*] ag Antaine as Eimhear.
Tá suim [*interest*] ag Tadhg i mBéarla.
Tá spéis [*interest*] ag Aoife in Aodh.
Tá gaol [*relation*] ag Fionnuala le Caoimhín.

'Ar' agus réamhfhocail eile
Tá éad [*envy*] ar Dhoireann le hÓrlaith.
Tá fearg ar Sheán le Bláthnaid.
Tá eagla ar Bhrian roimh Nóirín.
Tá scáth ar Dheirdre roimh Dheasún.

An forainm réamhfhoclach

ar	do	de	ó	faoi	roimh
orm	dom	díom	uaim	fúm	romham
ort	duit	díot	uait	fút	romhat
air, uirthi	dó, di	de, di	uaidh, uaithi	faoi, fúithi	roimhe, roimpi
orainn	dúinn	dínn	uainn	fúinn	romhainn
oraibh	daoibh	díbh	uaibh	fúibh	romhaibh
orthu	dóibh	díobh	uathu	fúthu	rompu

Gramadach

trí	thar	le	ag	as	chuig
tríom	tharam	liom	agam	asam	chugam
tríot	tharat	leat	agat	asat	chugat
tríd, tríthi	thairis, thairsti	leis, léi	aige, aici	as, aisti	chuige, chuici
trínn	tharainn	linn	againn	asainn	chugainn
tríbh	tharaibh	libh	agaibh	asaibh	chugaibh
tríothu	tharstu	leo	acu	astu	chucu

i	idir
ionam	—
ionat	—
ann, inti	—
ionainn	eadrainn
ionaibh	eadraibh
iontu	eatarthu

Páipéir Scrúdaithe

COIMISIÚN NA SCRÚDUITHE STÁIT

SCRÚDÚ NA hARDTEISTIMÉIREACHTA, 2003

GAEILGE – GNÁTHLEIBHÉAL
PÁIPÉAR I

(220 marc)

1.30 go dtí 3.50

(Ní mór do na hiarrthóirí cúram a dhéanamh de chruinneas na teanga. Caillfear marcanna trí bheith faillíoch ann.)

Ceist 1 *agus* **Ceist 2** a fhreagairt.

| CEIST 1 | – CEAPADÓIREACHT – | [120 marc] |

Freagair do rogha **dhá cheann** de **A, B, C, D** anseo.

A – GIOTA LEANÚNACH – (60 marc)

Scríobh **giota leanúnach** (leathleathanach nó mar sin) ar **cheann amháin** de na hábhair seo:
  (i)   Caithimh Aimsire atá ag daoine óga in Éirinn inniu.
  (ii) Cairde.
  (iii) Áit cháiliúil a thaitníonn go mór liom.

B – SCÉAL – (60 marc)

Ceap **scéal** (leathleathanach nó mar sin) a mbeidh **ceann** de na sleachta seo a leanas oiriúnach mar *thús* leis.

  (i)   'Bhí mé féin agus mo chara taobh amuigh den dioscó. Chuir sé (nó sí) bosca beag isteach i mo láimh. Ansin rith sé (nó sí). D'fhéach mé timpeall. Bhí Garda ag siúl i mo threo ...'

  nó

  (ii) 'Is cuimhin liom an lá go maith. Bhí Charlie Byrd agus fear ceamara as RTÉ ag fanacht linn taobh amuigh den scoil ...'

C – LITIR – (60 marc)

  (i)   Bhí tú ar saoire i dteach d'aintín i Meiriceá (nó i dtír éigin eile). Scríobh **an litir** (leathleathanach nó mar sin) a chuirfeá chuig cara leat faoi sin.

  nó

  (ii) Bhí alt sa nuachtán *Foinse* a dúirt nach bhfuil sé ceart go mbeadh daltaí Ardteistiméireachta ag obair gach tráthnóna tar éis na scoile agus ag an deireadh seachtaine. Scríobh **an litir** (leathleathanach nó mar sin) a chuirfeá chuig eagarthóir an nuachtáin sin.

D – COMHRÁ – (60 marc)

  (i)   Is maith leatsa na cláir theilifíse ar TG4 ach ní fhéachann do chara ar TG4 in aon chor. Scríobh **an comhrá** (leathleathanach nó mar sin) a bheadh eadraibh.

  nó

  (ii) Ba mhaith leat dul ar saoire le do chairde tar éis na hArdteistiméireachta ach níl do mháthair (nó d'athair) sásta cead a thabhairt duit imeacht. Scríobh **an comhrá** (leathleathanach nó mar sin) a bheadh eadraibh.

Irish Revision for Leaving Certificate—Ordinary Level

CEIST 2 — LÉAMHTHUISCINT — [100 marc]

Freagair **A** *agus* **B** anseo.

A – (50 marc)

Léigh an sliocht seo a leanas agus freagair na ceisteanna **ar fad** a ghabhann leis.

Gay Byrne: A ÓIGE

1. Tá Gay Byrne ar dhuine de na craoltóirí is mó a chuaigh i bhfeidhm ar mhuintir na nÉireann le daichead bliain anuas. Phós a thuismitheoirí, Edward agus Anne, i mBéal Feirste sa bhliain 1916. Bhí Edward ina shaighdiúir in arm Shasana. Bhí air filleadh ar an gCéad Chogadh Domhanda tar éis dóibh pósadh. Nuair a d'fhill Edward ar an gcogadh, rinne Anne margadh (socrú) le Dia. Ba é an margadh a rinne sí ná dá dtiocfadh Edward ar ais slán sábháilte chuici go rachadh sí chuig an Aifreann gach maidin an chuid eile dá saol. 'Tháinig sé slán agus choinnigh sí an margadh', a deir Gay.

2. Ag obair le comhlacht Arthur Guinness a bhí a athair. Thagadh sé abhaile lena phá gach seachtain, shíneadh chuig Anne é agus thugadh sí roinnt ar ais dó. Bhásaigh a athair nuair a bhí Gay fós ar scoil. D'athraigh bás a athar saol Ghay ar fad. 'Murach bás m'athar', ar sé, 'tá seans ann go rachainn chuig an ollscoil'. Ach bhí a fhios aige go gcaithfeadh sé dul ag obair. Thosaigh sé ag obair le comhlacht árachais.

3. Ba é Gay an duine b'óige den chlann agus bhí cónaí ar an gclann i dteach i Sráid Rialto a raibh dhá sheomra thuas staighre agus dhá sheomra thíos staighre ann agus leithreas taobh amuigh. Is cuimhin le Gay tréimhsí fada a chaitheamh timpeall ar Shráid Rialto agus gan tada le déanamh acu mar nach ndeachaigh siad in aon áit. 'Caithfidh tú cuimhneamh air', a deir sé, 'nach raibh gluaisteán, ná airgead, ná teileafón againn.'

4. Gach maidin, ar feadh ceithre bliana, théadh Gay chuig an scoil agus faitíos an domhain air mar bhí a fhios aige 'go mbuailfí go dona é an lá sin'. Stop an bualadh seo nuair a bhí sé séu bliain. Bhí an Bráthair Liam Ó Laoghaire ann an bhliain sin. 'Bhí sé go hálainn', a deir sé, 'níor bhuail sé aon duine riamh. Ní raibh le déanamh aige ach féachaint ort os cionn a chuid spéaclaí agus ba leor sin chun smacht a choinneáil ar an rang'. Tá meas ag Gay ar an oideachas sármhaith a fuair sé ó na Bráithre Críostaí.

5. Ba í a mháthair an duine ba mhó a chuaigh i bhfeidhm ar Ghay. 'Bean bheag chliste shláintiúil ba ea í. Bhí ardmhianta aici dúinn ar fad, 'ar sé. Thuig sí chomh tábhachtach agus a bhí an t-oideachas agus ba mhaith léi go n-éireodh thar cionn leo. Spreag sí Gay chun a bheith ar an gcraoltóir ab fhearr dá dhfaca an tír seo riamh. Nuair a bhásaigh sí Oíche Nollag 1963 ní raibh a shaol in RTÉ ach ag tosú.

(i) Cén margadh (socrú) a rinne Anne, máthair Ghay, le Dia (*Alt 1*)?
(10 marc)
(ii) Conas a d'athraigh bás a athar saol Ghay ar fad (*Alt 2*)? (10 marc)
(iii) In *Alt 3* deirtear go raibh 'cónaí ar an gclann i dteach i Sráid Rialto'. Luaigh **dhá rud** atá san alt sin faoin saol a bhí acu i Sráid Rialto.
(10 marc)
(iv) Cén fáth ar thaitin an Bráthair Liam Ó Laoghaire leis, dar leat (*Alt 4*)? (10 marc)
(v) 'Ba í a mháthair an duine ba mhó a chuaigh i bhfeidhm ar Ghay' a deirtear in *Alt 5*. Luaigh **dhá rud** faoi mháthair Ghay atá in Alt 5.
(10 marc)

B – (50 marc)

Léigh an sliocht seo a leanas agus freagair na ceisteanna **ar fad** a ghabhann leis.

STAID NUA PHÁIRC AN CHRÓCAIGH

1. Tá cáil mhór ar Pháirc an Chrócaigh mar gheall ar na cluichí peile, iománaíochta, camógaíochta agus liathróid láimhe a bhíonn ar siúl ann. Ach cad a bheidh ar siúl sa staid iontach seo Dé Sathairn an 21 lá de Mheitheamh? Beidh oscailt oifigiúil na gCluichí Oilimpeacha Speisialta 2003 ar siúl, áit a mbeidh 80,000 duine i láthair. Seo é an chéad uair do na cluichí seo a bheidh ar siúl taobh amuigh de Stáit Aontaithe Mheiriceá. 7,000 lúthchleasaí speisialta as 166 tír a bheidh páirteach sna Cluichí Oilimpeacha Speisialta.

2. Beidh na milliúin ag féachaint ar an oscailt oifigiúil ar an teilifís agus feicfidh siad an staid iontach nua-aimseartha atá tógtha i bPáirc an Chrócaigh. Ach ní mar sin a bhí sé i gcónaí. Ráschúrsa a bhí ann ar dtús. Cheannaigh Cumann Lúthchleas Gael an áit i 1913 agus gan ann ach dhá ardán bheaga. Úsáideadh an brúscar a bhí fágtha i Sráid Uí Chonaill tar éis Éirí Amach 1916 chun Cnoc 16 a thógáil i 1917. Scaip scéal mór ar fud an domhain i mí na Samhna 1920, nuair a mharaigh na Dúchrónaigh (saighdiúirí Briotanacha) 13 duine a bhí i láthair ag cluiche peile idir Baile Átha Cliath agus Tiobraid Árann i bPáirc an Chrócaigh. Duine acu sin a maraíodh ba ea Mícheál Ó hÓgáin. Tógadh dhá ardán ina dhiaidh sin, Ardán Uí Ógáin agus Ardán Uí Chíosóig.

3. Idir 1928 agus 1932 bhíodh na Cluichí Tailteann ar siúl ann. Bhíodh fíorna as tíortha eile an domhain ag teacht chugainn ... Ceanada, an Nua Shéalainn, agus an Afraic Theas ina measc. Ná ceap gur cluichí Gaelacha amháin a bhí / a bhíonn ar siúl i bPáirc an Chrócaigh. I 1953 imríodh Peil Mheiriceánach ann. Ó am go chéile bíonn ceolchoirmeacha ar siúl ann ag réaltaí ceoil cosúil le Tina Turner, Neil Diamond, Garth Brooks, Elton John agus Billy Joel. I samhradh 1974 bhí comórtas dornálaíochta ann idir Muhammed Ali, curadh an domhain agus Al 'Blue' Lewis. Bhuaigh Ali an troid, ar ndóigh!

4. Deigh mbliana ó shin dúradh gur cheart staid nua-aimseartha a thógáil. Osclaíodh Ardán nua Uí Chíosóig i 1998 agus osclaíodh Ardán nua Uí Ógáin an bhliain seo caite. Tógadh seomraí nua nó 'boscaí speisialta' a bhíonn in úsáid nuair a bhíonn cluichí móra ar siúl. Glacann na comhlachtaí móra ar cíos iad agus bíonn béilí blasta ar fáil agus radharc acu ag an am céanna ar na cluichí thíos fúthu. Chomh maith leis sin tá áiseanna iontacha ann le haghaidh cruinnithe agus taispeántas de gach sórt. 97 seomra nua cruinnithe atá ann agus gach áis nua-aimseartha iontu. Is féidir le breis agus 1000 duine freastal ar chruinniú i halla galánta faoi Ardán Uí Ógáin.

(i) Cad a bheidh ar siúl i bPáirc an Chrócaigh ar an 21ú lá de Mheitheamh 2003 (*an chéad alt*)? (10 marc)

(ii) 'Ní mar sin a bhí sé i gcónaí' a deirtear sa *dara halt* faoi Pháirc an Chrócaigh. Cad a bhí ann ar dtús? (10 marc)

(iii) Deirtear sa *dara halt* gur scaip scéal mór ar fud an domhain i 1920. Cén scéal mór atá i gceist? (10 marc)

(iv) 'Ná ceap gur cluichí Gaelacha amháin a bhí / a bhíonn ar siúl i bPáirc an Chrócaigh' a deirtear sa *tríú halt*. Luaigh dhá rud *eile* san alt sin a bhí nó a bhíonn ar siúl ann. (10 marc)

(v) Luaigh dhá rud nua atá luaite sa *cheathrú halt* atá tógtha i bPáirc an Chrócaigh le deich mbliana anuas. (10 marc)

ORDINARY LEVEL IRISH 2003 MARKING SCHEME

PÁIPÉAR I (220 MARC)

| CEIST 1 | – CEAPADÓIREACHT – | [120 marc] |

Freagair do rogha **dhá cheann** de **A, B, C, D** anseo.
Leathleathanach nó níos mó

Task	= 3 marc
Content	= 9 marc
Cumas Gaeilge – Capability, Standard of Irish	= 48 marc
	= 60 marc x 2
	= 120 marc

| CEIST 2 (A + B) | – LÉAMHTHUISCINT – | [100 marc] |

Freagair **A** agus **B** anseo.

A (50 MARC)

(i) Cén margadh a rinne Anne le Dia? = 10 marc
(ii) Conas a d'athraigh bás a athar saol Ghay? = 10 marc
(iii) Luaigh dhá rud faoin saol a bhí acu i Sráid Rialto.
= 5 mharc x 2 = 10 marc
(iv) Cén fáth ar thaitin an Bráthair Liam leis (le Gay),
dar leat? = 10 marc
(v) Luaigh dhá rud faoi mháthair Ghay. = 5 mharc x 2 = 10 marc

[Gaeilge lochtach: 0–5 a bhaint den iomlán a gnóthaíodh.]

B (50 MARC)

(i) Cad a bheidh ar siúl i bPáirc an Chrócaigh ar 21ú
Meitheamh 2003? = 10 marc
(ii) Cad a bhí ann (i bPáirc an Chrócaigh) ar dtús? = 10 marc
(iii) Cén scéal mór atá i gceist? = 10 marc
(iv) Luaigh dhá rud eile a bhí nó a bhíonn ar siúl ann.
= 5 mharc x 2 = 10 marc
(v) Luaigh dhá rud nua atá tógtha i bPáirc an Chrócaigh
le deich mbliana anuas = 5 mharc x 2 = 10 marc

[Gaeilge lochtach: 0–5 a bhaint den iomlán a gnóthaíodh.]
[Gearrfar pionós i ngeall ar iomarcaíocht]

Nóta: Taispeánfar go soiléir na marcanna a ghnóthaíonn iarrthóirí as an mbuneolas a aimsiú, na marcanna a bhaintear i ngeall ar an nGaeilge a bheith lochtach agus na marcanna a bhaintear i ngeall ar iomarcaíocht san ionad cuí ar an bhfreagarleabhar.

PÁIPÉAR II (110 MARC)

Roinn A (Cúrsa Ainmnithe) nó Roinn B (Cúrsa Roghnach) a fhreagairt. Ní bheidh marcanna le gnóthú i gcás nach gcloífear leis an riail seo.

ROINN A — CÚRSA AINMNITHE —

Ceist 1 agus Ceist 2 a fhreagairt anseo.

CEIST 1 — PRÓS AINMNITHE — (55 mharc)

Freagair (a) agus (b) anseo.

(a)

(i) Cuntas ar ar tharla ina dhiaidh sin.
   (Amuigh Liom Féin)   = 25 mharc

(ii) Cén sórt duine í Máire Bhán?
   Cur síos gairid uirthi.   = 6 mharc
   Fáth ar thaitin (nó nár thaitin)   = 10 marc   = 35 mharc
   sí leat)?
   Dhá fháth. = 2 mharc x 2   = 4 mharc

nó

(i) Cuntas ar Eithne ón eolas atá sa scéal fúithi.
   (Gafa)   = 25 mharc

(ii) Cén déagóir, Eoin nó Sinéad,   = 35 mharc
   is mó a thaitin leat?   = 1 mharc
   Cur síos gairid air/uirthi.   = 5 mharc   = 10 marc
   Dhá fháth. 2 mharc x 2   = 4 mharc

[Gaeilge lochtach: 0–5 a bhaint den iomlán a gnóthaíodh.]

(b)
Cuntas gairid ar a bhfuil i gceann amháin de na saothair a luadh
faoin téama atá roghnaithe agat as na téamaí atá luaite.   = 20 marc

nó

Cuntas gairid ar dhá rud i gceann amháin de na saothair a luadh,
rud amháin a bhí suimiúil agus rud amháin nach raibh suimiúil. }
                          2 mharc + (9 marc x 2)   = 20 marc

[Gaeilge lochtach: 0–3 a bhaint den iomlán a gnóthaíodh.]

Ceist 1 = 55 mharc

Nóta: Caithfidh an Scrúdaitheoir an marc don Ábhar agus an marc a
bhaintear i ngeall ar Ghaeilge lochtach i gcuid (a) agus an marc don Ábhar
agus don Ghaeilge i gcuid (b) a thaispeáint go soiléir sna hionaid chuí ar an
bhfreagarleabhar.

| CEIST 2 | – FILÍOCHT AINMNITHE – | (55 mharc) |

Freagair (a) agus (b) anseo.

(a)

(i)   Téama **i d'fhocail féin**. (Faoileán)   = 10 marc ⎫

(ii) Dhá íomhá **i d'fhocail féin**. = 4 mharc x 2   = 8 marc   ⎬ = 35 mharc

(iii) Cad atá i gceist?   = 7 marc   ⎪

(iv) Ar thaitin an dán leat?   = 2 mharc } = 10 marc ⎭
      Dhá fháth. = 4 mharc x 2   = 8 marc

nó

(i) An mothúchán is mó.
     (Bríd Óg Ní Mháille)   = 2 mharc ⎫
     Cur síos (Dhá phointe).   ⎬ = 10 marc ⎫
     = 4 mharc x 2   = 8 marc ⎭   ⎪
                                                           ⎪
(ii) Dhá mheafar. = 2 mharc x 2   = 4 mharc ⎫   ⎪
     Ar thaitin an dá mheafar leat? = 2 mharc ⎬ = 8 marc   ⎬ = 35 mharc
     Fáth amháin.   = 2 mharc ⎭   ⎪
                                                           ⎪
(iii) Pictiúr ceart?   = 1 mharc ⎫   ⎪
      Dhá fháth = 3 mharc x 2   = 6 mharc ⎬ = 7 marc   ⎪
                                                           ⎪
(iv) An maith leat an dán?   = 2 mharc ⎫   ⎪
     Dhá fháth. = 4 mharc x 2   = 8 marc ⎬ = 10 marc ⎭

[Gaeilge lochtach: 0–5 a bhaint den iomlán a gnóthaíodh.]

(b)

Cuntas gairid ar a bhfuil sa dán, Mac Eile Ag Imeacht, faoin
mothúchán atá roghnaithe agat as na mothúcháin atá luaite.   = 20 marc

nó

Cuntas gairid ar phríomhsmaointe an dáin,   ⎫
Mac Eile Ag Imeacht   = 14 mharc   ⎬ = 20 marc
Cuntas ar íomhá amháin a thaitin go mór leat   = 6 mharc   ⎭

[Gaeilge lochtach: 0–3 a bhaint den iomlán a gnóthaíodh.]

Ceist 2 = 55 mharc

| **ROINN B** | **– CÚRSA ROGHNACH –** |

Ceist 1 agus Ceist 2 a fhreagairt anseo.

| **CEIST 1** | **– PRÓS ROGHNACH–** | **(55 mharc)** |

Freagair (a) agus (b) anseo.

(a)

(i) Cuntas ar na príomhimeachtaí.
   (Gearrscéal)   = 23 mharc ⎫
                                                ⎬ = 25 mharc ⎫
   Teideal an scéil/ainm an   ⎭   ⎬ = 35 mharc
   údair.   = 2 mharc   ⎪
                                                              ⎪
(ii) Cur síos ar phearsa a thaitin   ⎪
    (nó nár thaitin) leat.   = 6 mharc   ⎫   ⎪
                                                ⎬ = 10 marc   ⎭
    Cén fáth? (Dhá fháth)   ⎭
    2 mharc x 2   = 4 mharc

nó

(i) Cuntas ar an téama san
    úrscéal.   = 23 mharc ⎫
                                                ⎬ = 25 mharc ⎫
    Teideal an úrscéil/ainm an   ⎭   ⎪
    údair.   = 2 mharc   ⎪
                                                              ⎬ = 35 mharc
(ii) An phearsa is mó a thaitin leat. = 1 mharc ⎫   ⎪
                                                ⎪   ⎪
    Cur síos gairid ar an bpearsa   = 5 mharc   ⎬ = 10 marc   ⎭
    Cén fáth? (Dhá fháth)   ⎪
    2 mharc x 2   = 4 mharc   ⎭

[Gaeilge lochtach: 0–5 a bhaint den iomlán a gnóthaíodh.]

(b)

Cuntas gairid ar a bhfuil i gceann amháin de na
saothair eile nár úsáid tú i gcuid (a) faoin téama
atá roghnaithe agat as na téamaí atá luaite.   = 18 marc ⎫
                                                           ⎬ = 20 marc
Teideal an tsaothair/ainm an údair.   = 2 mharc ⎭

nó

Cuntas gairid ar dhá rud i gceann amháin de na
saothair eile nár úsáid tú i gcuid (a). Rud amháin
a bhí suimiúil agus rud amháin nach raibh
suimiúil. = 9 marc x 2   = 18 marc   } = 20 marc
Teideal an tsaothair/ainm an údair.   = 2 mharc

[Gaeilge lochtach: 0–3 a bhaint den iomlán a gnóthaíodh.]

Ceist 1 = 55 mharc

| **CEIST 2** | **– FILÍOCHT ROGHNACH –** | **(55 mharc)** |

Freagair (a) agus (b) anseo.

(a)

(i) Téama **i d'fhocail féin**. (Dán a chum fear)   = 8 marc

(ii) Cur síos **i d'fhocail féin** ar dhá
     mheafar. = 4 mharc x 2   = 8 marc

(iii) Cur síos **i d'fhocail féin** ar rud
      amháin a bhí suimiúil.   = 7 marc   } = 35 mharc

(iv) Ar thaitin an dán leat?   = 2 mharc } = 10 marc
     Dhá fháth. = 4 mharc x 2   = 8 marc

     Teideal an dáin/ainm an fhile a chum.   = 2 mharc

nó

(i) Mothúchán is mó. (Dán
    seanaimseartha)   = 2 mharc } = 8 marc
    Dhá fháth. = 3 mharc x 2   = 6 mharc

(ii) Déan cur síos ar dhá íomhá.
     = 4 mharc x 2   = 8 marc

(iii) Nóta gairid faoin méid a d'fhoghlaim tú.   = 7 marc   } = 35 mharc

(iv) An maith leat an dán?   = 2 mharc } = 10 marc
     Dhá fháth. = 4 mharc x 2   = 8 marc

     Teideal an dáin/ainm an fhile.   = 2 mharc

[Gaeilge lochtach: 0–5 a bhaint den iomlán a gnóthaíodh.]

(b)
Cuntas gairid ar a bhfuil i ndán a chum bean agus nár
úsáid tú i gcuid (a) faoi mhothúchán amháin atá
roghnaithe agat as na mothúcháin atá luaite. = 18 marc } = 20 marc
Teideal an dáin/ainm an fhile = 2 mharc

nó

Cuntas gairid ar phríomhsmaointe an dáin a
chum bean agus nár úsáid tú i gcuid (a). = 12 mharc
Cuntas gairid ar íomhá amháin a thaitin go mór } = 20 marc
leat = 6 mharc
Teideal an dáin/ainm an fhile = 2 mharc

[Gaeilge lochtach: 0–3 a bhaint den iomlán a gnóthaíodh.]

Ceist 2 = 55 mharc

CLUASTUISCINT (120 marc)

Cuid A:
Fógra a hAon   3 + 3 + 4 + 4
Fógra a Dó   3 + 4 + 3 + 4
Fógra a Trí   4 + 3 + 3 + 4

Cuid B:
Comhrá a hAon   3 + 4 + 4 + 4
Comhrá a Dó   4 + 4 + 4 + 4 + 4 + 4
Comhrá a Trí   3 + 3 + 3 + 3

Cuid C:
Píosa a hAon   3 + 4 + 4 + 4
Píosa a Dó   3 + 3
Píosa a Trí   3 + 3

[Gaeilge lochtach: 0–12 a bhaint den iomlán a gnóthaíodh.]

Páipéir Scrúdaithe

COIMISIÚN NA SCRÚDUITHE STÁIT

SCRÚDÚ NA hARDTEISTIMÉIREACHTA, 2004

GAEILGE – GNÁTHLEIBHÉAL
PÁIPÉAR I

(220 marc)

1.30 go dtí 3.50

(Ní mór do na hiarrthóirí cúram a dhéanamh de chruinneas na teanga. Caillfear marcanna trí bheith faillíoch ann.)

Ceist 1 *agus* **Ceist 2** a fhreagairt.

| **CEIST 1** | **– CEAPADÓIREACHT –** | **[120 marc]** |

Freagair do rogha **dhá cheann** de **A, B, C, D** anseo.

A – GIOTA LEANÚNACH – (60 marc)

Scríobh **giota leanúnach** (leathleathanach nó mar sin) ar **cheann amháin** de na hábhair seo:

(i) An cineál saoil a bheidh agam, dar liom, tar éis na hArdteistiméireachta.
(ii) An Teilifís.
(iii) Na fadhbanna (deacrachtaí) a bhíonn ag daoine óga in Éirinn inniu.

B – SCÉAL – (60 marc)

Ceap **scéal** (leathleathanach nó mar sin) a mbeidh **ceann** de na sleachta seo a leanas oiriúnach mar *thús* leis.

(i) "Bhí sé déanach san oíche. Bhíomar amuigh faoin tuath. Stop an carr. Theip ar an inneall. Bhíomar i bponc (i dtrioblóid) …"

nó

(ii) "Is cuimhin liom go maith an lá sin. Bhí Phil Coulter, Linda Martin agus Louis Walsh as *You're a Star* ina suí ar m'aghaidh amach. Bhí mé chun amhrán a rá …"

C – LITIR – (60 marc)

(i) Fuair tú bronntanas iontach ó do thuismitheoirí ar do lá breithe. Scríobh **an litir** (leathleathanach nó mar sin) a chuirfeá chuig cara leat faoi sin.

nó

(ii) Thug d'uncail (**nó** d'aintín) post samhraidh duit. Ní maith leat an post sin. Scríobh **an litir** (leathleathanach nó mar sin) a chuirfeá chuig d'uncail (**nó** d'aintín) ag insint dó/di cén fáth a bhfuil tú chun éirí as an bpost.

D – COMHRÁ – (60 marc)

(i) Is maith leatsa do sheomra a bheith glan agus néata. Ach bíonn leabhair, páipéir agus éadaí caite i gcónaí ar an urlár ag do dhearthair (**nó** do dheirfiúr). Scríobh **an comhrá** (leathleathanach nó mar sin) a bheadh eadraibh.

nó

(ii) Ba mhaith leat dul chuig na Cluichí Oilimpeacha sa Ghréig le do chairde an samhradh seo ach níl d'athair (**nó** do mháthair) sásta cead a thabhairt duit dul ann. Scríobh **an comhrá** (leathleathanach nó mar sin) a bheadh eadraibh.

Páipéir Scrúdaithe

| CEIST 2 | – LÉAMHTHUISCINT – | [100 marc] |

Freagair **A** *agus* **B** anseo.

A – (50 marc)

Léigh an sliocht seo a leanas agus freagair na ceisteanna **ar fad** a ghabhann leis.

CÓILÍN SEO AGAINNE

1. Rugadh an t-aisteoir Cóilín Séamas Ó Fearghail nó Colin Farrell ar 31 Bealtaine 1976 i gCaisleán Cnucha, Baile Átha Cliath. Ba é an duine ba óige de cheathrar clainne a rugadh d'Éamonn Ó Fearghail agus dá bhean, Rita. Imreoir sacair ab ea Éamonn a bhíodh ag imirt leis an bhfoireann, Fánaithe na Seamróige nó **Shamrock Rovers**. I dtús a óige ba mhaith le Colin a bheith ina pheileadóir cosúil lena athair ach níor thaitin an cleachtadh peile ró-mhór leis! D'fhreastail sé ar scoileanna éagsúla ach d'éirigh sé as an scolaíocht agus chuaigh sé go dtí an Astráil.

2. Nuair a bhí sé san Astráil ghlac sé páirt i ndráma. Thaitin an aisteoireacht chomh mór sin leis go ndúirt sé, "Tá mé chun breis den aisteoireacht seo a dhéanamh nuair a fhillfidh mé ar Éirinn". Chuaigh sé chuig Scoil Aisteoireachta an *Gaiety* ar theacht abhaile dó. Ní raibh sé ach cúpla mí sa scoil sin nuair a roghnaíodh é chun páirt Danny Byrne sa tsraith **Ballykissangel**, a thógáil. "Bhí an tsraith **Ballykissangel** iontach dom," a deir Colin, "mar thug sé seans dom a bheith ag aisteoireacht le cuid mhaith de mhór-aisteoirí na hÉireann agus chomh maith leis sin d'fhoghlaim mé faoi cheird na haisteoireachta." Ansin d'imigh sé go Londain.

3. Is aisteoir mór le rá é Colin anois ach ní cheapann sé féin go bhfuil aon rud speisialta ag baint leis. Deir sé féin go raibh an t-ádh air. "Bhí an t-ádh orm go bhfaca an t-aisteoir Kevin Spacey mé i ndráma a rinne mé i Londain agus gur inis sé do dhaoine i Los Angeles go raibh mé go maith. Bhí an t-ádh orm freisin nuair a bhuail mé leis an léiritheoir scannán, Joel Schumacher, a thug páirt dom mar shaighdiúir sa scannán, *Tigerland*." Chomh maith leis sin, bhí ar an aisteoir, Ed Norton, éirí as an scannán, *Hart's War*, agus tugadh an pháirt sin do Cholin.

4. Tá deich scannán déanta aige le trí bliana anuas. "Tá siad ag caitheamh airgid liom chun scannán a dhéanamh," ar sé. Chuir an t-aisteoir iomráiteach Al Pacino an chomhairle air gan glacadh ach le scannáin/drámaí a thaitníonn leis. Cé go bhfuil cáil mhór air i Hollywood, tá an-mheas go deo ag Colin ar Éirinn agus ar mhuintir na hÉireann. Nuair a bhíonn am saor aige filleann sé ar a theach sa Bhaile Gaelach. "Táim ábalta dul in áit ar bith ar domhan agus a rá gur Éireannach mé agus is maith liom sin. Is daoine iontach flaithiúil iad na hÉireannaigh. Tá an greann ag baint leo. Ní ghlacann siad go ró-dháiríre leis an saol. Tá sé iontach a bheith i do Éireannach."

(i) Cén post a bhí ag athair Cholin **agus** cén fáth nár thaitin an post sin le Colin *(Alt 1)*? (10 marc)

(ii) Conas atá a fhios againn gur thaitin an aisteoireacht go mór leis nuair a bhí sé san Astráil *(Alt 2)*? (10 marc)

(iii) In *Alt 3* deir sé go raibh "an t-ádh" air. Luaigh **dhá rud** atá san alt sin a thaispeánann go raibh an t-ádh air. (10 marc)

(iv) Cén chomhairle a chuir an t-aisteoir Al Pacino ar Cholin *(Alt 4)*? (10 marc)

(v) "Tá an-mheas go deo ag Colin ar Éirinn agus ar mhuintir na hÉireann" a deirtear in *Alt 4*. Luaigh **dhá rud** atá san alt sin a thaispeánann é sin. (10 marc)

B – (50 marc)

Léigh an sliocht seo a leanas agus freagair na ceisteanna **ar fad** a ghabhann leis.

AMÚ LE HECTOR

1. Tá clú agus cáil bainte amach ag Hector Ó hEochagáin, an fear óg as an Uaimh i gCo. na Mí mar gheall ar na cláir Ghaeilge a bhíonn ar siúl aige ar TG 4. D'fhoghlaim Hector a chuid Gaeilge i Ráth Cairn agus d'fhreastail sé ar an gcoláiste Gaeilge ansin go raibh sé ocht mbliana déag d'aois. Tar éis na hArdteistiméireachta chuaigh sé chuig Coláiste na Tríonóide. D'imigh sé as an ollscoil mar nár thaitin saol na hollscoile leis agus toisc nár éirigh leis sna scrúduithe.

2. Ansin d'imigh sé leis go dtí an Spáinn lena chailín chun Spáinnis a fhoghlaim. D'fhill sise abhaile ach d'fhan Hector ann trí bliana tar éis don chailín bailiú léi! D'fhoghlaim sé an Spáinnis go han-mhaith agus anois tá a chuid Spáinnise chomh maith lena chuid Gaeilge. Chaith sé bliain in Inis Meáin, Árainn, rud a chabhraigh leis chun feabhas a chur ar a chuid Gaeilge.

3. Ag an am sin, níor cheap sé go mbeadh baint ar bith aige an nGaeilge lena chuid oibre ná go mbeadh sé ag déanamh airgid aisti. Ach, tá sé an-bhródúil as an nGaeilge. "Is Éireannach mise. Is maith liom an sean-nós, an rince, na seiteanna agus an ceol traidisiúnta. Is breá liom an Ghaeilge. Mura bhfuil do theanga agat, níl aon rud agat!" a deir Hector. Tá sé an-dóchasach faoin nGaeilge. "Tá ag éirí leis an nGaeilge mar tá i bhfad níos mó daoine sásta í a labhairt anois ná mar a bhí."

4. Is beag cúinne den domhan nach bhfuil siúlta aige. Bíonn go leor oibre le déanamh chun na cláir **Amú i Meiriceá, Amú san Eoraip, Amú san Áis**, agus **Amú Amigos** a dhéanamh. Tá trí chathair is daichead feicthe aige de bharr na gclár sin. Tá trí eitilt is fiche déanta aige do chlár na bliana seo amháin. Tá dhá cheann is seachtó déanta i rith na tréimhse atá caite aige ag obair ar na cláir. Ní fheictear ar an teilifís an taighde agus an obair phleanála a theastaíonn chun a leithéid de thaisteal a dhéanamh taobh istigh de thrí mhí gach bliain. Bíonn cuma ar na cláir go dtarlaíonn rudaí de thimpiste ach bíonn gach rud pleanáilte roimh ré!

5. Is rud tábhachtach é do Hector go mbeadh daoine nach labhraíonn Gaeilge ag féachaint ar a chláir chomh maith le daoine a bhfuil Gaeilge acu. Tá obair mhór ar siúl ag Hector ar son na Gaeilge. Éiríonn leis daoine nár bhain úsáid as an nGaeilge a mhealladh chun féachaint ar a chlár féin agus ar TG 4. Bíonn sult agus spraoi ag baint lena chláir Ghaeilge. Rudaí nua-aimseartha a bhíonn sna cláir aige agus éiríonn leis daoine óga a mhealladh chun taitneamh a bhaint as an nGaeilge dá bharr.

(i) Cén fáth ar imigh Hector as an ollscoil (*an chéad alt*)? Luaigh **dhá** fháth.
(10 marc)

(ii) Conas a chabhraigh an bhliain a chaith sé in Inis Meáin leis (*an dara halt*)?
(10 marc)

(iii) "Tá ag éirí leis an nGaeilge" a deir sé sa *tríú halt*. Cén fáth a ndeir sé é sin?
(10 marc)

(iv) "Bíonn go leor oibre le déanamh chun na cláir a dhéanamh" a deirtear sa *cheathrú halt*. Luaigh **dhá** rud sa cheathrú halt a thaispeánann é sin.
(10 marc)

(v) Luaigh **rud amháin** atá sa *chúigiú halt* a thaispeánann go bhfuil 'obair mhór ar siúl ag Hector ar son na Gaeilge'.
(10 marc)

Páipéir Scrúdaithe

ORDINARY LEVEL IRISH 2004 MARKING SCHEME

PÁIPÉAR I (220 MARC)

CEIST 1 — CEAPADÓIREACHT — [120 marc]

Freagair do rogha **dhá cheann** de **A, B, C, D** anseo.
Leathleathanach nó níos mó

Task	= 3 marc
Content	= 9 marc
Cumas Gaeilge – Capability, Standard of Irish	= 48 marc
	= 60 marc x 2
	= 120 marc

CEIST 2 (A + B) — LÉAMHTHUISCINT — [100 marc]

Freagair **A** agus **B** anseo.

A (50 MARC)

(i) Post ag athair Cholin; fáth nár thaitin sin le Colin.
   (5 mharc x 2) = 10 marc
(ii) Fianaise gur thaitin an aisteoireacht leis agus é san Astráil. = 10 marc
(iii) Luaigh dhá rud a thaispeánann go raibh an t-ádh air.
   (5 mharc x 2) = 10 marc
(iv) An chomhairle a chuir Al Pacino air. = 10 marc
(v) Luaigh dhá rud a léiríonn a mheas ar Éirinn.
   (5 mharc x 2) = 10 marc

[Gaeilge lochtach: 0–5 a bhaint den iomlán a gnóthaíodh.]

B (50 MARC)

(i) Dhá fháth ar imigh Hector as an ollscoil.
   (5 mharc x2) = 10 marc
(ii) An chaoi ar chabhraigh an bhliain in Inis Meáin leis. = 10 marc
(iii) An fáth a bhfuil ag éirí leis an nGaeilge, dar leis. = 10 marc
(iv) Dhá rud a léiríonn go bhfuil go leor oibre ag baint le cláir. (5 mharc x 2) = 10 marc
(v) Rud amháin a léiríonn an obair mhór atá ar siúl aige ar son na Gaeilge = 10 marc

[Gaeilge lochtach: 0–5 a bhaint den iomlán a gnóthaíodh.]
[Gearrfar pionós i ngeall ar iomarcaíocht.]

PÁIPÉAR II (110 MARC)

Roinn A (Cúrsa Ainmnithe) nó Roinn B (Cúrsa Roghnach) a fhreagairt. Ní bheidh marcanna le gnóthú i gcás nach gcloífear leis an riail seo.

ROINN A	– CÚRSA AINMNITHE –

Ceist 1 agus Ceist 2 a fhreagairt anseo.

CEIST 1	– PRÓS AINMNITHE –	(55 mharc)

Freagair (a) agus (b) anseo.

(a)

(i) Cuntas ar Shéamas. (*An Lasair Choille*) = 25 mharc

(ii) Cé acu a bhfuil trua agat dó/di . . .
Binncheol/Míoda/Athair Mhíoda?
Cur síos gairid air/uirthi. =1 + (3 + 2) mharc
Fáth ar thaitin (nó nár thaitin) = 10 marc
sé/sí leat. **Dhá** fháth. = (2 + 2) = 4 mharc

= 35 mharc

nó

(i) Cuntas ar an mbean ón eolas atá sa scéal
fúithi. (*Fiosracht Mhná*) = 25 mharc

(ii) Cén sórt duine é an fear? =3 mharc
Déan cur síos air 3 mharc = 10 marc
Thaitin/Níor thaitin.
Dhá fháth. (2 + 2) = 4 mharc

= 35 mharc

[Gaeilge lochtach: 0–5 a bhaint den iomlán a gnóthaíodh.]

(b)
Cuntas gairid ar a bhfuil i gceann amháin de na saothair a luadh
faoin téama atá roghnaithe agat as na téamaí atá luaite.   = 20 marc

nó

Cuntas gairid ar dhá phearsa i gceann amháin de na
saothair a luadh-pearsa amháin a thaitin leat
agus pearsa amháin nár thaitin leat   2 mharc + (9 + 9)   = 20 marc

[Gaeilge lochtach: 0–3 a bhaint den iomlán a gnóthaíodh.]

                                                  Ceist 1 = 55 mharc

| **CEIST 2** | **– FILÍOCHT AINMNITHE –** | **(55 mharc)** |

Freagair (a) agus (b) anseo.

(a)

(i) Téama **i d'fhocail féin.** (*Treall*)   = 10 marc

(ii) Mothúchán is mó. **Dhá** fháth = 2 + (3 + 3)   = 8 marc

(iii) Cad atá i gceist leis an gcaint? = (4 + 3)   = 7 marc   = 35 mharc

(iv) Ar thaitin an dán leat?   = 2 mharc
      Dhá fháth. (4 + 4)   = 8 marc   } = 10 marc

nó

(i) Íomhá i línte 17 – 22.
    (*Mac Eile Ag Imeacht*) (4 + 3 + 3)   = 10 marc

(ii) Pictiúr maith de dhaoine atá brónach.
    Dhá fháth (2 + 3 + 3)   = 8 mharc

(iii) Cad a bheidh ar siúl ag an mac i Houston?   = 2 mharc
     Áit mhaith dó é, dar leis an bhfile?   = 2 mharc   = 35 mharc
     Fáth amháin.   = 3 mharc

(iv) An maith leat an dán?   = 2 mharc
     Dhá fháth. (4 + 4)   = 8 marc   } = 10 marc

[Gaeilge lochtach: 0–5 a bhaint den iomlán a gnóthaíodh.]

(b)
Cuntas gairid ar a bhfuil sa dán, *Chlaon mé mo Cheann*, faoin mothúchán atá roghnaithe agat as na mothúcháin atá luaite.
(2 + 9 + 9) = 20 marc

nó

Cuntas gairid ar phríomhsmaointe an dáin,
Chlaon mé mo Cheann (3 + 4) + (3 + 4) = 14 mharc ⎫
Rud a thaitin leat **agus** rud nár thaitin leat (3 + 3) = 6 mharc ⎭ = 20 marc

[Gaeilge lochtach: 0 – 3 a bhaint den iomlán a gnóthaíodh.]

ROINN B — CÚRSA ROGHNACH –

Ceist 1 agus Ceist 2 a fhreagairt anseo.

CEIST 1 — PRÓS ROGHNACH – (55 mharc)

Freagair (a) agus (b) anseo.

(a)

(i) Cuntas ar an téama. (Gearrscéal)
(6 + 6 + 6 + 5) = 23 mharc ⎫
Teideal an ghearrscéil / ainm ⎬ = 25 mharc
an údair. (1 + 1) = 2 mharc ⎭
⎫
⎬ = 35 mharc
(ii) Pearsa a raibh trua agat dó/di. = 1 mharc ⎫ ⎪
Cur síos gairid air/uirthi. (3 + 2) = 5 mharc ⎬ = 10 marc
Fáth ar/nár thaitin. (**Dhá** fháth) ⎭
(2 + 2) = 4 mharc

nó

(i) Cuntas ar an bpríomhphearsa
sa dráma (6 + 6 + 6 + 5) = 23 mharc ⎫
Teideal an dráma/ainm an ⎬ = 25 mharc
údair (1 + 1) = 2 mharc ⎭
⎫
⎬ = 35 mharc
(ii) Cur síos ar rud a chuir áthas/
brón/fearg ort (3 + 4) = 7 marc ⎫
⎬ = 10 marc
Cén fáth ar mhúscail sé an
mothú sin ionat? = 3 mharc ⎭

[Gaeilge lochtach: 0–5 a bhaint den iomlán a gnóthaíodh.]

(b)
Cuntas gairid ar a bhfuil i gceann amháin de na saothair eile
nár úsáid tú i gcuid (a) faoin téama atá roghnaithe agat as
na téamaí atá luaite. (9 + 9) = 18 marc } = 20 marc
Teideal an tsaothair / ainm an údair. (1 + 1)   = 2 mharc

nó

Cuntas gairid ar **dhá** phearsa i gceann amháin de na
saothair eile nár úsáid tú i gcuid (a). Pearsa amháin
a thaitin leat agus pearsa amháin nár thaitin leat.   } = 20 marc
= (9 + 9)   = 18 marc
Teideal an tsaothair/ainm an údair. =(1 + 1)   = 2 mharc

[Gaeilge lochtach: 0–3 a bhaint den iomlán a gnóthaíodh.]

Ceist 1 = 55 mharc

| **CEIST 2** | **– FILÍOCHT ROGHNACH –** | **(55 mharc)** |

Freagair (a) agus (b) anseo.

(a)
(i) Téama **i d'fhocail féin**. (Dán **nua** a chum **bean**)
    (4 + 4)   = 8 marc

(ii) Cur síos **i d'fhocail féin** ar dhá íomhá. (4 + 4)   = 8 marc

(iii) An teideal oiriúnach? Fáth amháin. (3 + 4)   = 7 marc   } = 35 mharc

(iv) Ar thaitin an dán leat?   = 2 mharc
     Dhá fháth. (4 + 4)   = 8 marc   } = 10 marc
     Teideal an dáin / file a chum.
     (1 + 1)   = 2 mharc

nó

(i) Mothúchán is mó. (Dán le **fear**
  nó **bean**) = 2 mharc ⎫
  Dhá fháth. (3 + 3) = 6 mharc ⎬ = 8 marc ⎫
  ⎭ ⎪
  ⎪
(ii) Cur síos, **i do fhocail féin**, ar dhá ⎪
  mheafar. = (4 + 4) = 8 marc ⎬ = 35 mharc
  ⎪
(iii) Nóta gearr faoi rud amháin a bhí suimiúil. ⎪
  = (3 + 4) = 7 marc ⎪
  ⎪
(iv) An maith leat an dán? = 2 mharc ⎫ ⎪
  Dhá fháth. (4 + 4) = 8 marc ⎬ = 10 marc ⎪
  ⎭ ⎪
(v)   Teideal an dáin / ainm an fhile. = (1 + 1)   = 2 mharc ⎭

[Gaeilge lochtach: 0–5 a bhaint den iomlán a gnóthaíodh.]

(b)
Cuntas gairid ar a bhfuil i ndán a chum **fear** agus nár úsáid ⎫
tú i gcuid (a) faoi mhothúchán amháin atá roghnaithe ⎪
agat as na mothúcháin atá luaite. (9 + 9) = 18 marc ⎬ = 20 marc
Teideal an dáin / ainm an fhile (1 + 1) = 2 mharc ⎭

nó

Cuntas gairid ar phríomhsmaointe an dáin a chum ⎫
fear agus nár úsáid tú i gcuid (a). (6 + 6) =12 mharc ⎪
Cuntas gairid ar rud amháin a thaitin leat agus ar ⎬ = 20 marc
rud amháin nár thaitin leat (3 + 3) = 6 mharc ⎪
Teideal an dáin / ainm an fhile (1 + 1) = 2 mharc ⎭

[Gaeilge lochtach: 0–3 a bhaint den iomlán a gnóthaíodh.]

Ceist 2 = 55 mharc

CLUASTUISCINT (120 marc)

Cuid A:
Fógra a hAon 3 + 3 + 4 + 4
Fógra a Dó   3 + 3 + 4 + 4
Fógra a Trí   3+ 3 + 4 + 4

Cuid B:
Comhrá a hAon   4+ 4 + 4 + 3
Comhrá a Dó   4+ 4 + 4 + 4 + 4 + 4
Comhrá a Trí   3 + 3 + 3 + 3

Cuid C:
Píosa a hAon   4+ 3 + 4 + 4
Píosa a Dó   3 + 3
Píosa a Trí   3 + 3

[Gaeilge lochtach: 0–12 a bhaint den iomlán a gnóthaíodh.]

COIMISIÚN NA SCRÚDUITHE STÁIT

SCRÚDÚ NA hARDTEISTIMÉIREACHTA, 2005

GAEILGE – GNÁTHLEIBHÉAL
TRIAIL CHLUASTUISCEANA

(120 marc)

Déardaoin, 9 Meitheamh, 4.30 go dtí 5.10

CUID A

Cloisfidh tú *trí cinn* d'fhógraí raidió sa Chuid seo. Cloisfidh tú gach fógra díobh **faoi dhó**. Beidh sos le scríobh na bhfreagraí tar éis an chéad éisteachta agus tar éis an dara héisteacht.

FÓGRA A hAON

Líon isteach an t-eolas atá á lorg sa ghreille anseo.

An chathair atá luaite anseo	
An lá a mbeidh na himeachtaí ar siúl	
Cé mhéad grúpa daoine óga a bheidh ann	
Rud amháin a bheidh ar siúl an oíche sin	

FÓGRA A DÓ

1. (a) Cén scéim atá luaite anseo?

   _____

   (b) Cé mhéad airgid atá luaite do gach scoláireacht?

   _____

2. (a) Cén ollscoil atá luaite don scéim?

   _____

   (b) Cé mhéad scoláireacht a bhronnfar?

   _____

FÓGRA A TRÍ

Líon isteach an t-eolas atá á lorg sa ghreille anseo.

Ainm an chomhlachta atá luaite anseo	
An dáta a mbeidh deireadh leis an tseirbhís	
Baile amháin atá luaite anseo	
Fáth amháin a bhfuil deireadh á chur leis an tseirbhís	

CUID B

Cloisfidh tú *trí cinn* de chomhráite sa Chuid seo. Cloisfidh tú gach comhrá díobh **trí huaire**. Cloisfidh tú an comhrá ó thosach deireadh an chéad uair. Ansin cloisfidh tú é ina *dhá mhír*. Beidh sos le scríobh na bhfreagraí tar éis gach mír díobh. Ina dhiaidh sin cloisfidh tú an comhrá ó thosach deireadh arís.

COMHRÁ A hAON

An Chéad Mhír

1. Cén triail ar éirigh le Maidhc inti?

   _____

2. Cén t-am den lá a ndearna Maidhc an triail?

   _____

An Dara Mír

1. Cad é an chéad rud a chaithfidh Maidhc a dhéanamh?

2. Cén post a bheidh ag Maidhc anois, dar leis?

COMHRÁ A DÓ

An Chéad Mhír

Líon isteach an t-eolas atá á lorg sa ghreille anseo.

Cad a tharlóidh do mhonarcha Penn amárach?	
Cad a dhéantar sa mhonarcha seo?	
Cé mhéad post a chaillfear sa mhonarcha?	
Luaigh gaol amháin le Seán atá ag obair ansin.	

An Dara Mír

1. Cé mhéad páiste atá ag uncail Sheáin?

2. Cad a chaillfidh Seán agus Máire anois?

COMHRÁ A TRÍ

An Chéad Mhír

1. Cén comórtas atá luaite anseo?

2. Cén scrúdú a chuireann eagla ar Shinéad?

An Dara Mír

1. Cad a dhéanfaidh siad i dteach Learaí lá na gcraobhchluichí?
   _____

2. Cé air a mbeidh Pól ag féachaint lá na gcraobhchluichí, dar le Sinéad?
   _____

CUID C

Cloisfidh tú *trí cinn* de phíosaí raidió/teilifíse sa Chuid seo. Cloisfidh tú gach píosa díobh **faoi dhó**. Beidh sos le scríobh na bhfreagraí tar éis na chéad éisteachta <u>agus</u> tar éis an dara héisteacht.

PÍOSA A hAON

Líon isteach an t-eolas atá á lorg sa ghreille anseo.

Cén aois atá ag Áine?	
An t-oileán atá luaite anseo	
An méad ama a chaith Áine sa bhfarraige	
An méad mí a chaith Áine ag traenáil	

PÍOSA A DÓ

1. Cén contae atá luaite anseo?
   _____

2. Cé mhéad méadar den ráille nua a leagadh síos le bliain anuas?
   _____

PÍOSA A TRÍ

1. Cén turas a rinne Peadar agus Susan?
   _____

2. Cén post a bhí ag Peadar le Bord Soláthair an Leictreachais?
   _____

COIMISIÚN NA SCRÚDUITHE STÁIT

SCRÚDÚ NA hARDTEISTIMÉIREACHTA, 2005

GAEILGE – GNÁTHLEIBHÉAL
PÁIPÉAR I

(220 marc)

Déardaoin, 9 Meitheamh – Tráthnóna, 1.30 go dtí 3.50

(Ní mór do na hiarrthóirí cúram a dhéanamh de chruinneas na teanga. Caillfear marcanna trí bheith faillíoch ann.)

Ceist 1 *agus* **Ceist 2** a fhreagairt.

| CEIST 1 | – CEAPADÓIREACHT – | [120 marc] |

Freagair do rogha **dhá cheann** de **A, B, C, D** anseo.

A – GIOTA LEANÚNACH – (60 marc)

Scríobh **giota leanúnach** (leathleathanach nó mar sin) ar **cheann amháin** de na hábhair seo:
- (i) Bíonn saol breá ag daoine óga inniu.
- (ii) Timpiste bóthair
- (iii) Ceol.

B – SCÉAL – (60 marc)

Ceap **scéal** (leathleathanach nó mar sin) a mbeidh **ceann** de na sleachta seo a leanas oiriúnach mar *thús* leis.

- (i) 'Bhí na tuismitheoirí imithe don oíche. Bhí orm aire a thabhairt do bheirt pháiste agus an peata madra a bhí acu. Thuig mé láithreach go mbeadh trioblóid (fadhb) agam leo agus bhí . . .'

    nó

- (ii) 'Chuaigh mé go dtí an chóisir an oíche sin. Ní raibh cead agam ó mo thuismitheoirí dul ann. Tar éis uair a' chloig bhí brón orm . . .'

C – LITIR – (60 marc)

- (i) D'fhág an cara is fearr a bhí agat an scoil (nó an tír) an bhliain seo caite agus tá sé (nó sí) agus a chlann (nó a clann) ina gcónaí sa Fhrainc (nó i dtír éigin eile) anois. Scríobh **an litir** (leathleathanach nó mar sin) a chuirfeá chuig an gcara sin tar éis na hArdteistiméireachta.

    nó

- (ii) Léigh tú alt sa nuachtán *Foinse* go bhfuil cead pleanála faighte ag fear saibhir i do cheantar chun caoga teach a thógáil i bpáirc in aice le do theach féin. Níl tú sásta leis seo. Scríobh **an litir** (leathleathanach nó mar sin) a chuirfeá chuig eagarthóir an nuachtáin.

D – COMHRÁ – (60 marc)

- (i) Tá tú ag caint le d'athair (nó le do mháthair) faoin bpost ba mhaith leat a bheith agat san am atá le teacht, nuair a bheidh tú críochnaithe ar scoil. Scríobh **an comhrá** (leathleathanach nó mar sin) a bheadh idir an bheirt agaibh.

    nó

(ii) Tá tú an-sásta leis an dlí nua a chuireann stop (cosc) ar thoitíní a chaitheamh i dtithe tábhairne agus in áiteanna poiblí eile. Níl do chara ag aontú leat. Scríobh **an comhrá** (leathleathanach nó mar sin) a bheadh idir an bheirt agaibh.

CEIST 2 – LÉAMHTHUISCINT – [100 marc]

Freagair A *agus* B anseo.

A – (50 marc)

Léigh an sliocht seo a leanas agus freagair na ceisteanna **ar fad** a ghabhann leis.

FIONTRAÍ AGUS FEAR GAELTACHTA

1. Is milliúnaí é Pádraig Ó Céidigh inniu ach ní raibh a mhuintir ná na daoine eile ina cheantar dúchais saibhir nuair a rugadh é sa Spidéal in 1959. Fuair sé a bhunscolaíocht go háitiúil ach bheartaigh sé dul go dtí meánscoil na nÍosánach, Coláiste Iognáid, i gCathair na Gaillimhe mar bhí cara leis, Máirtín Ó Domhnaill, ag freastal ar an scoil sin. Bhí na chéad bhlianta sa scoil sin dian go maith air. Is minic nár thuig Pádraig Béarla na múinteoirí agus is beag meas a bhí ag go leor de na scoláirí sa scoil ar mhuintir na Gaeltachta.

2. D'oibrigh sé go crua, áfach, agus rinne sé dul chun cinn maith ar scoil. Seachas na hábhair acadúla a d'fhoghlaim sé sa mheánscoil d'fhoghlaim sé an tslí le seasamh suas dó féin, a bheith bródúil as a cheantar dúchais agus a chúlra clainne. Sheas sé leis an dearcadh seo i rith a shaoil. Nuair a bhí an Ardteist déanta aige thug Pádraig aghaidh ar an ollscoil.

3. Le céim sa tráchtáil ó Choláiste na hOllscoile i nGaillimh d'éirigh le Pádraig post a fháil mar chuntasóir leis an gcomhlacht KPMG. Sar i bhfad, áfach, d'fhill sé ar a sheanscoil, Coláiste Iognáid, mar mhúinteoir Matamaitice. Rinne sé céim dlí ag an am céanna. Thaitin an mhúinteoireacht go mór leis ach tar éis tamaill thóg sé sos gairme. D'oscail sé oifig i gCathair na Gaillimhe agus thosaigh sé ag obair ann mar aturnae. Thuig sé go raibh tuiscint níos fearr aige ar riachtanais phobal na Gaeltachta ná mar a bhí ag go leor dlíodóirí sa

chathair sin. D'éirigh go han-mhaith leis ag cur seirbhísí ar fáil do mhuintir na Gaeltachta agus sar i bhfad bhí na príomhbhainc ag tabhairt neart oibre dó freisin.

4. Cheannaigh Pádraig *Aer Árann*, comhlacht an-bheag a bhí ag cur seirbhísí aerthaistil ar fáil d'Oileáin Árann amháin, in 1994. Dhíol sé a oifig dlí mar thuig sé nach bhféadfadh sé an dá thrá a fhreastal. D'oibrigh sé go lánaimseartha chun seirbhís mhaith réigiúnach a chur ar fáil do Dhún na nGall, do Chiarraí agus do Ghaillimh. Nuair a bhí an sprioc sin bainte amach aige shocraigh sé ar sheirbhísí a chur ar fáil go dtí an Bhreatain. Tá fás as cuimse tagtha ar *Aer Árann* ó shin.

5. Is le Pádraig dhá thrian den chomhlacht Clódóirí Lurgan (agus is le hÚdarás na Gaeltachta an trian eile). Is é an comhlacht seo a fhoilsíonn an nuachtán *Foinse*. Ba mhaith leis gnó an nuachtáin sin a fhorbairt a thuilleadh ach níl am aige faoi láthair chun luí isteach ar an obair sin. Tá sé an-bhródúil as an bhfás an-mhór atá tagtha ar iriseoireacht na Gaeilge mar gheall ar *Foinse*. Cúis bhróid dó freisin an gradam *Fiontraí na Bliana* a bronnadh air cúpla bliain ó shin de bharr feabhas a chuid oibre i bhforbairt an chomhlachta *Aer Árann*.

(bunaithe ar agallamh a rinne Éamonn Ó Dónaill, www.beo.ie Nollaig 2002)

(i) Cén fáth a raibh na chéad bhlianta dian ar Phádraig i gColáiste Iognáid (*an chéad alt*)? Luaigh **dhá** fháth. (10 marc)
(ii) Luaigh rud **amháin** a d'fhoghlaim Pádraig sa mheánscoil seachas ábhair acadúla (*an dara halt*)? (10 marc)
(iii) Luaigh **dhá** phost a bhí ag Pádraig tar éis dó an scoil a fhágáil (*an tríú halt*). (10 marc)
(iv) Cén fáth ar dhíol sé a oifig dlí (*an ceathrú halt*)? (10 marc)
(v) Luaigh **dhá** fháth a bhfuil bród ar Phádraig (*an cúigiú halt*). (10 marc)

B – (50 marc)

Léigh an sliocht seo a leanas agus freagair na ceisteanna **ar fad** a ghabhann leis.

TURAS TEANGA

1. Tá aithne an-mhaith ar Sharon Ní Bheoláin mar láithreoir nuachta ar News 2 ar RTÉ 2. An bhliain seo caite bhí sí le feiceáil ar chlár de shaghas eile ar fad. Clár do dhaoine ar theastaigh uathu Gaeilge a fhoghlaim nó do dhaoine ar mhian leo feabhas a chur ar an nGaeilge a bhí acu ab ea 'Turas Teanga'. Bhí an clár difriúil ó aon chlár múinte eile agus bhí Sharon an-bhródúil as an tionscnamh. Léiríonn figiúirí atá ar fáil gur fhéach breis is céad caoga míle duine ar an gcéad chlár sa tsraith a craoladh ar RTÉ 1 in Eanáir 2004. Is ionann é sin agus 12% de lucht féachana na tíre.

2. Thaistil an fhoireann teilifíse ar fud na tíre chun na cláracha a thaifeadadh. Bhí eilimintí éagsúla sa chlár. Cuireadh agallamh ar aíonna speisialta ar nós Mairéad Ní Mhaonaigh ón ngrúpa Altan agus an t-amhránaí John Spillane. I measc na n-áiteanna ar thug siad cuairt orthu bhí na ceantair Ghaeltachta ar fud na tíre. I measc na n-imeachtaí ar ghlac Sharon páirt iontu sa tsraith bhríomhar seo bhí babhta gailf i gCeann Sibéal, turas go Rásaí na Gaillimhe agus tamall ag dreapadh ar An Earagail. Chomh maith leis na míreanna seo bhí sobalchlár 'An Grá Faoi Ghlas' mar chuid den tsraith. Scigaithris ar chláracha ar nós 'Big Brother' agus 'Celebrity Farm' ab ea é seo.

3. Thaitin an taisteal a bhí le déanamh aici go mór le Sharon cé go raibh fadhbanna áirithe le sárú aici. Go minic bhí a hiníon, a bhí sé mhí d'aois ag an am agus a fear céile ag taisteal léi, chomh maith le feighlí linbh agus trí mhadra. Ar an láimh eile chonaic sí áiteanna sa tír nach raibh sí riamh iontu ar nós Oileán Thóraí i dTír Chonaill. 'Réitigh an criú teilifíse go han-mhaith le chéile buíochas le Dia,' a dúirt Sharon.

5. Fiche clár a bhí sa tsraith agus lean gach clár ar feadh tríocha nóiméad. Ag teacht leis an gcúrsa teilifíse a scríobh an comhairleoir teanga Éamonn Ó Dónaill tá pacáiste ar fáil ina bhfuil leabhar, trí dhlúthdhiosca fuaime, dhá DVD agus cláir raidió. Tá an leabhar féin cuimsitheach, toirtiúil, ildaite agus tá a lán ceachtanna idir obair scríofa, obair chluaise agus cleachtaí cainte le fáil ann.

Bunaithe ar alt i bh*Foinse*

(i) Scríobh síos **dhá** phointe eolais faoi Sharon Ní Bheoláin atá in *Alt 1*. (10 marc)
(ii) Luaigh rud **amháin** in *Alt 1* a léiríonn go raibh suim ag a lán daoine sa chlár *Turas Teanga?* (10 marc)
(iii) Luaigh **dhá** rud a rinne Sharon ar an gclár. (*Alt 2*) (10 marc)
(iv) Luaigh fadhb amháin **agus** rud amháin a thaitin le Sharon faoi thaisteal timpeall na tíre as *Alt 3*. (10 marc)
(v) Chomh maith le cláir theilifíse cad eile a bhí sa chlár *Turas Teanga? (Alt 4)* (10 marc)